AF554141

DE LA

GUERRE DANS LA SOCIÉTÉ

SA FIN

DE LA

GUERRE DANS LA SOCIÉTÉ

SA FIN

PAR

A. ROUSSINET

PARIS

CHEZ LACHAUD, LIBRAIRE-ÉDITEUR

4, place du Théâtre-Français, 4

1870

INTRODUCTION

........Il en est qui prétendent connaître les moyens de soulager et même de détruire la misère; qu'ils viennent à nous.....

Ministre de la justice, 17 janvier 1870.

Nous dirons à M. le Ministre : Oui, il est possible de soulager la misère, — mais la détruire, jamais.

Les sociétés, comme les individus, portent en elles la cause qui les fait vivre et celle qui les tue. Et, de même qu'il n'y a pas de médecins qui puissent arrêter la maladie qui tue l'homme, de même il n'y a pas de gouvernements qui puissent arrêter la misère qui tue les sociétés.

Nous aussi, nous avions, comme tant d'autres, cru qu'il était possible de la détruire, et dans ce but, nous avions, en 1864, publié la *Liberté positive*, qui pour nous résulte de l'égale possession du sol. Il n'y a pas de doute, en effet, que si chacun avait une égale et suffisante possession du sol, la liberté serait positivement constituée, et ainsi la société aurait une durée éternelle. Ce principe reçoit d'ailleurs sa certitude de cette conviction, aujourd'hui générale : que, dans la société, les positions et les fortunes agricoles sont les plus so-

Il pense : si aucun sujet extérieur ne venait exercer sa pensée, il ne serait encore pas libre. Car sa pensée étant sans sujet serait nulle ; à moins qu'on ne veuille dire qu'il pourrait penser à lui, auquel cas sa liberté serait fort restreinte et finirait bientôt par n'avoir plus lieu, puisque, pour vivre, il doit nécessairement penser à bien autre chose qu'à lui.

En général donc, on peut dire que la liberté, pour l'homme, existe, quand ce qui est en dehors de lui coïncide, s'identifie, répond à ce qui est en lui ; quand enfin, comme nous l'avons dit, la nature extérieure est en parfait rapport avec la sienne. Et c'est ce rapport, ou plutôt ce résultat, qu'il s'agit de rechercher.

— Maintenant, l'homme vit, ici-bas, à l'état de nature ou à l'état de société : lequel des deux est le plus propre à lui procurer ce résultat ?

Il ne faut pas se bercer de chimères ; la liberté complète est à jamais impossible, et nous répondons : aucun. Mais si l'on demandait lequel de ces deux états est le plus propre à le diriger vers ce résultat, à l'en faire approcher même, nous dirions : l'état de société.

II

QUE L'HOMME A L'ÉTAT DE NATURE EST CENSÉ NE PAS ÊTRE

L'homme, à l'état de nature, est une lyre muette. Elle est là, avec toutes ses cordes, capable de rendre tous les tons possibles, graves, doux, aigus : mais il faut qu'une cause extérieure agisse sur ces cordes, qu'un artiste les touche, et, tirant de chacune d'elles les sons qui lui sont propres, analyse, compare, mesure, apprécie, connaisse, en en mot, la variété, l'étendue de ces sons, en précise les vibrations, en règle la justesse et l'effet, et enfin, par une faculté, un don qui lui est propre, fasse produire à l'instrument, tout à l'heure inerte, inutile, l'accord, l'harmonie.

On conçoit dès lors que plus l'artiste sera habile, plus l'exécution sera parfaite et partant l'harmonie puissante.

Et quel est, pour l'homme, cet artiste ? Son semblable, un autre lui-même ; c'est-à-dire la société.

Et de même que, pour faire rendre à la lyre les notes légères ou les vibrations fortes qui, à l'aide de l'art, forment un tout harmonique, l'artiste tour à tour allége, adoucit son jeu ou froisse, irrite, frappe la corde : de même il faut, pour que toutes les facultés de l'homme s'éveillent et se produisent, qu'il y ait entre lui et son semblable, tour à tour, un frottement insensible ou un froissement sec.

L'homme donc, à l'état de nature, c'est-à-dire avant la société, est un être parfaitement nul ; il s'ignore complétement; il vit sans pouvoir se rendre le moindre compte de la vie ; il n'est ni fort ni faible, ni libre ni esclave. Qu'il se meuve, qu'il agisse, ses actes sont aussi insignifiants, dans l'isolement où il se trouve, que la trace de ses pas dans le désert où il passe.

Mais que l'occasion d'entrer en société s'offre à lui, et au même instant nous allons voir paraître toutes ses facultés : nous allons voir l'instrument, tout à l'heure enfoui dans le silence d'un passé sans limite, sonner, pour l'avenir, la marche de la civilisation.

III

QUE LA SOCIÉTÉ EST UN FAIT D'ÉGALITÉ; ET QUE C'EST DANS CE FAIT QU'APPARAIT PREMIÈREMENT LA RAISON HUMAINE.

Pour peu que nous réfléchissions à l'état de notre nature, nous sommes de suite convaincus que, sans la nécessité de manger, nous ne travaillerions pas. Il n'y a pas d'hommes aussi paresseux, en effet, aussi peu actifs, que ceux qui, comme on dit, sont assurés de toujours trouver leur pain cuit; Volney l'a observé avant nous, et, aujourd'hui, rien n'est encore plus vrai : seulement, faisant un pas de plus, nous ajoutons, nous, que cette sorte d'hommes est inutile.

Donc, chercher le moyen d'apaiser la faim, en un mot travailler pour vivre, fut, pour l'homme primitif comme pour celui de nos jours, une obligation. Et c'est ce qui a donné lieu, comme nous l'allons voir, à l'établissement de la société.

Je suis homme primitif, je suppose, et j'ai faim. Je vais, viens, à droite, à gauche, jusqu'à ce que j'aperçoive un fruit ou un animal quelconque, une poule par exemple, qu'à l'instant je poursuis. J'allais l'atteindre quand je vous vois, vous lecteur (je suppose toujours), arriver au même moment aussi bien disposé que moi à fêter la volaille. A qui l'aura alors. J'empoigne la tête, vous la patte, nous gesticulons, nous crions, nous nous menaçons. Bref, pour terminer notre débat, cher lecteur, je ne vois que deux issues possibles, ou nous nous battons, et, si vous êtes le plus fort, vous vous emparez de la poule, ce qui ne fait pas du tout mon affaire. Ou tout à coup, la raison nous éclairant tous deux, nous nous la partageons également. Dans ce dernier cas, *nous accomplissons un acte de société, né de l'égalité établie et fixée par la raison.*

Dans l'autre cas, au contraire, *en ne faisant emploi que de la force, nous avons brisé pour toujours le lien de société qui pouvait nous unir.* Car si, après m'avoir battu, et usant du droit du plus fort, vous m'obligez à vous suivre et à vous servir, vous êtes le *maître* alors, et moi l'*esclave.* Et la victoire conduisant au despotisme, et la défaite à la vengeance, vous n'avez qu'un but, m'affaiblir pour me mieux contenir, et moi qu'une envie, vous détruire à la première occasion.

J'admets que vous vous montriez bon maître. — J'atribuerai votre bonté à de la pitié pour ma faiblesse, et c'est une insulte.

En un mot, de quelque façon qu'on s'y prenne, il n'est pas possible d'établir, entre *maître* et *esclave*, le moindre accord (1). Il n'y a, et il ne peut y avoir entre eux qu'un rapport complétement faux. Et dans toute réunion d'hommes fixée sur ce seul rapport, je ne puis voir autre chose qu'un troupeau rassemblé par la brutalité, la violence, l'habileté

(1) Rousseau, *Contrat social.* « Que des hommes épars soient nécessairement asservis à un seul, je ne vois là qu'un maître et des esclaves. »

ou la ruse d'un chef, qui, tranchons le mot, n'est alors qu'un scélérat.

Ma part de la poule, lecteur, ou je ne vous connais pas. Egalité, ou pas de société, nous venons de le voir.

La société est donc un fait d'égalité ; elle est le résultat direct de l'acte premier de la raison : car la raison n'a agi en nous qu'au moment où nous avons fixé notre accord, et non avant, puisque nous étions sur le point de nous terrasser.

C'est donc aussi par cette rencontre fortuite, cette occasion d'entrer en société, que la faculté première de l'homme, la raison, s'est fait jour.

Rappelons-nous bien ces deux principes.

IV

QUE LA LIBERTÉ DANS LA SOCIÉTÉ RÉSULTE DE LA POSSESSION

L'humanité, dans sa marche, atteint à la société en même temps qu'elle a passé de la raison à l'égalité. Comme la manœuvre du soldat, cela s'exécute rapidement, tout d'un coup, un temps et deux mouvements ; c'est fini.

Arrivée à la société, l'humanité ne s'arrête pas sans doute, mais il y a là pourtant une intermittence dans son évolution, pendant laquelle elle s'interroge avec une sorte d'inquiétude. Que suis-je, se dit-elle, d'où viens-je et où vais-je ? Telles sont les questions qu'elle se pose et dont elle demande l'éclaircissement. Elle s'adresse au ciel : il reste muet. Il lui envoie la chaleur, la lumière.

C'est beaucoup, beaucoup sans doute, mais enfin cela ne suffit pas.

Elle se penche alors vers la terre, et celle-ci lui répond : sue, et tu seras libre.

Elle est exigeante, la terre... Suer, c'est apparemment travailler fort et ferme et toujours. C'est dur.

Mais l'humanité, à l'époque de sa constitution, n'y regarda pas de si près. Elle était *lancée*. Elle prit, comme l'homme de la fable, le fardeau entre ses bras, et marcha résolûment, sur la promesse de la terre, à la conquête de sa liberté. — Arrêtons-nous un moment.

Nous savons que c'est à l'occasion de la possession d'une chose quelconque (pour exemple nous avons pris la poule), qu'apparaît la société ; que c'est par le règlement de possession de cette chose qu'elle s'établit ; et que cette possession ainsi réglée est la loi de la société. Or, qu'est-ce, maintenant, que posséder une chose ? C'est pouvoir en disposer, en jouir, en avoir le droit, en un mot être *libre*.

La liberté résulte donc de la possession, et puisque cette possession est invariablement fixée par la loi de la société, laquelle loi nous avons reconnue être l'égalité pour chacun, il s'ensuit rigoureusement, forcément, que la liberté devient, est et doit être égale aussi pour chacun.

Possession, et par suite liberté, voilà donc les quatrième et cinquième termes auxquels parvient l'humanité.—Raison, égalité, société, possession, liberté, c'est dans cet ordre qu'apparaissent inévitablement les degrés du cercle où elle doit s'étendre, se développer et se fixer. — Expliquons maintenant les paroles de la terre.

Elle commence par dire que nous sommes esclaves de ses faveurs, et personne ne saurait le nier. Mais ces faveurs, elle nous les offre. Et, si nous savons nous en rendre dignes, c'est-à-dire si nous *suons*, nous sommes assurés de voir, pour nous, naître la liberté.

De plus il y a entre la possession de la *poule* et la possession de la terre une grande différence. Toutes deux mènent à la liberté, mais non pas par le même chemin.

En effet, la poule est une œuvre toute faite, un produit tout fabriqué si je puis dire. L'homme n'a qu'à le saisir, et il en use, il le consomme. Dans tout ceci, il n'y a, par rapport à l'homme, rien que de très-simple et très-naturel. Mais avec la terre, c'est autre chose. Sa possession implique, non-seulement, comme nous l'avons vu, emploi de travail corporel, mais aussi et avant, développement de travail moral, c'est-à-dire d'art et de science. Là, en effet, il ne s'agit plus, pour l'homme, d'œuvre faite : il faut qu'il conçoive l'œuvre et l'exécute lui-même ; il ne s'agit plus de produits fabriqués il faut, au contraire, qu'il fabrique ces produits ; qu'il les tire de la terre ; qu'il sue, en un mot, du cerveau comme des bras.

De simple possesseur-consommateur donc qu'il était tout à l'heure, libre, c'est vrai, mais libre à peine, il atteint à un degré de liberté d'autant plus élevé, qu'il devient producteur plus savant.

Si, dans ce qui précède, nous nous sommes suffisamment expliqué, nous pouvons maintenant établir que la société, ramenée à son expression la plus simple, sans cesser d'être exacte, est le résultat d'une opération à laquelle concourent ces trois agents : la terre (ou ses produits), l'homme et la raison.

La terre est l'agent principal, la base ; l'homme est l'agent actif ; la raison, l'agent dirigeant.

L'emploi ou fonctionnement de ces agents pourrait se représenter ainsi : la terre serait le point d'appui, l'homme serait le levier obéissant à l'impulsion de la raison, et la résultante serait la masse sociale extraite de cette opération.

Et puisque cette masse n'est soulevée, amenée, rendue apparente enfin que par la force de la raison, il est évident que cette force devient sa loi, et que du moment où cette force ou loi cesserait de la maintenir, de la soutenir, elle retomberait dans le néant.

Mais aussi il faut, pour que cette masse se maintienne sur son aplomb, il faut, dis-je, que le *levier* obéisse ; et surtout, que le point d'appui ne fasse pas défaut. Ce dont nous allons parler dans la suite.

V

QUE, EN GÉNÉRAL, L'HUMANITÉ REPOSE SUR L'AGRICULTURE

Sans la terre, l'homme ne serait rien.

La terre est la mère de l'homme. En elle il puise sa nourriture, sa vie.

On peut donc dire que la science de la terre, ou moyen de faire rendre à la terre ses produits, constitue la seule base sur laquelle repose l'humanité.

D'où l'on peut conclure assurément qu'un peuple s'élève si cette science est chez lui en progrès, et qu'il se ruine inévitablement si elle tombe; dans l'un ou dans l'autre cas, c'est sa vie ou sa mort : il n'y a pas de milieu.

Et je dis de plus que, cette science étant encore fort incomplète, les peuples qui aujourd'hui la délaissent pour s'adonner aux arts secondaires opèrent ainsi sur une base non encore reconnue et fixée, et vont, par conséquent, où le hasard les mène. — Qu'on s'étonne après cela qu'ils soient si bien conduits!

VI

SUITE; ET DE LA LIBERTÉ

« Avant de courir, il faut savoir marcher, » dit un vieux proverbe.

Avant donc de nous lancer dans le ciel, tâchons de connaître notre humble planète ; en un mot *le réel d'abord, l'idéal après.* C'est ainsi que, pour ne pas s'égarer et se perdre, il faut procéder.

Dans la terre seule, avons-nous dit, l'homme peut trouver sa vie ou ses moyens de vivre. Tout homme donc qui vit ou veut vivre doit remplir la condition que cet état de vie impose ; c'est-à-dire que tout homme doit, d'abord et avant tout, chercher, développer ses moyens de vivre : c'est-à-dire encore, puisque la terre seule lui fournit ces moyens, *que tout homme doit travailler la terre.* Ce principe est, je crois, inattaquable (1), et n'a d'ailleurs rien d'inquiétant que pour les fainéants qui, comme moi, passent leur vie l'été à l'ombre, et l'hiver au coin du feu.

L'énonciation de ce principe nous amène directement à formuler le rapport de l'homme à la terre. Ce rapport, le voici : *L'homme, en tout temps, doit posséder assez de terre pour*

(1) Nous verrons tout à l'heure les objections qu'on peut nous faire.

obtenir par son travail, les moyens de vivre, ou, ce qui est la même chose, la satisfaction de ses besoins (1).

Si ce rapport est possible, la liberté l'est également.

S'il ne l'est pas, l'humanité ne sera jamais libre.

Car si, comme nous l'avons vu, l'homme est libre lorsqu'il produit, il est esclave lorsqu'il consomme. *Consommation*, en effet, veut dire désir, besoin, nécessité d'un objet à consommer; par conséquent, dépendance de cet objet; *esclavage* enfin. Ce dernier terme se déduit forcément, inflexiblement, du premier.

L'homme donc ne peut être entièrement libre qu'à cette condition : produire ce qu'il consomme, se suffire à lui-même. Donnons-en un exemple.

J'ai besoin de pain. Si je n'ai ni le moyen d'en faire ni d'en acheter, je reste continuellement esclave de ce besoin de *consommer* du pain.

Qu'au contraire je sois en possession d'une terre d'où je tire le grain avec lequel je fais du pain, et me voilà libre.

Et remarquez bien ceci, que, même avec le moyen d'acheter du pain, c'est-à-dire avec l'argent seulement, je ne suis pas libre ; car, outre que je dépends de celui qui peut avoir du pain à vendre, il est possible encore qu'il ne veuille point y consentir.

Je le répète donc : l'homme n'est complétement libre que s'il produit lui-même ce qu'il consomme, s'il se suffit à lui-même (2).

(1) Rousseau, dans son *Contrat social*, a dit : Il faut que la terre suffise à ses habitants. — Voilà qui est bien. Mais la terre peut suffire à tous sans que chacun en ait une part égale et la travaille pour son propre compte, si bien que, en pressant ce principe, on arrive tout droit à la féodalité ou à l'esclavage : en effet, un seul homme peut posséder assez de terre pour en nourrir cent mille, qu'il oblige à travailler pour lui : dans ce cas, la terre suffit sans doute à cent mille et un hommes. mais il n'est pas moins vrai qu'il y a cent mille serfs pour un homme libre.

(2) L'homme n'est pas libre quand, pour satisfaire un besoin, il doit recourir à un autre homme, car celui-ci peut, ou ne peut pas prêter, ou refuser le secours demandé. Ceci revient toujours à ce que nous avons dit dès le commencement : que l'homme n'est libre qu'en tant que ce qui est en dehors de lui correspond à ce qui est en lui.

L'esclavage, chez l'homme, précède donc la liberté, car c'est le besoin, la consommation, qui se fit premièrement sentir. Et l'humanité, qui, à l'époque primitive, ne savait rien produire, n'était aussi rien de plus qu'esclave. Et si la société n'avait point été possible ; c'est-à-dire si les facultés, forces ou moyens de production ne s'étaient point développés par le contact social, elle aurait fini par dévorer tous les produits créés qui lui seraient tombés sous la main, et ensuite eût infailliblement péri sans avoir eu aucune idée de la liberté.

Mais il en a été autrement. Après avoir passé par ce que nous appellerons la consommation antérieure ou immédiate, elle s'est élevée au degré de consommation disputée, arrachée à la terre par son génie ardent.

Mais si la société n'a pu avoir lieu, comme cela est incontestable, que par l'égalité de possession d'objets créés antérieurement, en résulte-t-il que cette égalité doive se poursuivre dans tous les objets ou produits reconnus indispensables à la vie de l'humanité ?

Sans aucun doute.

— Oui, cette égalité doit avoir lieu. Et la société, à peine de forfaire à sa loi et de précipiter ainsi sa ruine, doit l'imposer, la maintenir inflexiblement entre chacun de ses membres.

Comment ! — la liberté ne se manifeste que par la possession légitimée par l'égalité, sans laquelle la société n'aurait pu se former et s'établir, sans laquelle l'humanité, par conséquent, fût restée éternellement barbare et esclave : et cette égalité, ce tronc sur lequel sont entées la société et la liberté, la civilisation enfin, on voudrait le renverser, le briser ! Mais le moindre coup que vous lui portez le fait tressaillir, le fait frissonner jusque dans ses moindres branches ; la moindre racine que vous lui couperiez l'atteindrait immédiatement dans son existence. Abattez-le : au même instant tombent la société et la liberté. La destruction de l'un amène infailliblement celle des autres.

Dans ce qui précède, nous n'avons, *par rapport à la société*, envisagé la liberté qu'au point de vue des besoins, de la nécessité.

Il convient maintenant, toujours sous le même rapport, de la considérer au point de vue de la volonté seule, ou dégagée de toute nécessité.

Dans le premier cas, le besoin précède la volonté : ainsi il faut que j'aie faim pour avoir la volonté de manger ; sans cela, cette volonté n'aurait pas de raison d'être : elle deviendrait inutile, nuisible même.

Mais je puis, sans en éprouver le moindre besoin, sans que cela me soit nullement nécessaire, avoir la volonté de connaître, par exemple, la figure du soleil. Et c'est ce que j'appelle alors volonté seule.

Or l'homme, avec cette volonté, est encore esclave.

En effet, j'ai beau vouloir connaître la figure du soleil, si je manque des moyens d'y parvenir, je n'aboutis à rien qu'à étendre le cercle de mon impuissance, à me rendre compte de mon esclavage enfin. Et toutes les volontés du monde viennent se briser là.

Il faut donc, pour que je devienne libre, que j'entre en possession des moyens d'accomplir ma volonté, et que je les produise d'abord, car il est possible que personne ne sache ou ne veuille me les procurer.

Et avec quoi produirai-je ces moyens ? Avec ma raison.

Et comme, ainsi que nous l'avons vu, la raison ne se manifeste que par la société, c'est en définitive et toujours par la société que l'homme devient libre.

Autre exemple.

Liberté, c'est, nous venons de le voir, production et possession des moyens de satisfaire nos besoins, ou d'accomplir notre volonté, et si l'on veut, nos désirs.

Et quels sont ces moyens ?

C'est, dans l'ordre naturel, force ; dans l'ordre moral, c'est art et science, et, dans l'ordre social, c'est fortune.

Et comme, dans ce dernier ordre, viennent forcément se

résoudre, se fondre les deux autres, c'est donc au point de vue de l'ordre social, et surtout de la fortune qui le caractérise, que nous allons nous placer, et vous, lecteur, que je vais prendre pour sujet de ma preuve.

Donc, vous aimez la liberté. Vous l'aimez à tel point que, chaque jour, à chaque heure, vous travaillez à augmenter votre possession, vos moyens, votre fortune en un mot, c'est à-dire que vous vous occupez continuellement à étendre votre liberté. Ne me dites pas que cela n'est pas vrai, car je vois votre conscience, si toutefois vous en avez une, prête à vous démentir.

Ainsi, c'est entendu : vous voulez, et nul plus que moi ne vous en estime, être libre, et libre au plus haut point.

Pour y parvenir, vous vous efforcez d'entrer en possession d'abord d'une maison et dépendances..., puis, d'un château et parc.... puis, d'un palais. C'est là, semble-t-il, que la liberté règne entière, et qu'on en jouit sans partage, loin de la foule envieuse et des obsessions qui vous atteignent inévitablement dans le va-et-vient de la société.

C'est, en effet, dans ce palais, dans ce chez-soi bien muré, bien fermé, avec sentinelles à chaque porte, que vous pouvez, sans que nul ait le droit de s'y opposer, agir selon vos besoins et désirs, selon votre pleine volonté, je suppose, bien entendu, que, possesseur d'un palais, vous disposez également de tout ce qui se doit rencontrer en pareil lieu. Bref, vous faites tout ce que vous voulez : vous êtes libre ! Seul habitant de ce palais, ou n'ayant que quelques esclaves qui vous obéissent, êtres insignifiants, vous êtes maître absolu, sans conteste, c'est-à-dire, encore une fois, libre au plus haut degré.

Eh bien ! je prétends maintenant que, arrivé à ce suprême degré, la liberté pour vous va cesser d'exister ; que chaque pas que, en vous séparant de vos semblables, vous avez cru faire vers elle vous en a éloigné.

Quand, ne manquant absolument de rien, vous vous êtes enfermé dans votre habitation avec l'espoir, que dis-je, avec la certitude d'obtenir à chaque instant la satisfaction de vos moindres besoins, désirs ou volontés, qu'est-ce qui vous a tenté ? Tout, dans le commencement ; puis après, plus rien. D'heureux possesseur d'objets propres au plein exercice de votre liberté, vous finissez, et cela est inévitable, par ne plus jouir d'aucun de ces objets, de rien. Et pourquoi ? parce que vos actes de liberté n'ont, pour s'accomblir, besoin, comme on dit, que d'un signe, parce que vous ne rencontrez, dans vos volontés, besoins ou désirs, aucune résistance. Votre liberté alors s'émousse. Vous ne la sentez plus, vous en usez, mais indifféremment : vous n'en jouissez plus. Les ressorts qui vous meuvent s'amollissent, se détendent ; la machine marche encore, mais lentement, lentement, et s'arrête. Un sinistre silence règne en vous et autour de vous. Et, dans ce chez-soi brillant, dans ce palais dont dont vous aviez cru faire le temple de votre liberté, vous êtes corps morne et déjà froid, comme un cadavre au tombeau. Oui, vous n'êtes plus, vous naguère plein de vie et de liberté, qu'un esclave de la mort que vous avez puisée à la coupe débordante de cette possession sans limite, de cette liberté sans entraves...

Eh bien ! qu'à cet instant où vous tient, haletant sous son poids, cette écrasante possession ou liberté, qu'à cet instant, dis-je, un étranger essaye de vous la ravir, ou seulement de l'atteindre ; tenez, qu'il jette simplement une pierre dans votre fenêtre ; au même moment, cette possession, cette demeure qui tout à l'heure n'était plus pour vous qu'un misérable cachot, vous vous levez audacieux pour la défendre ; vous vous sentez menacé dans votre possession, dans votre liberté. Déjà cette liberté, dont vous n'aviez plus le moindre doute, vous dit que ce caillou peut bien être une balle ; que l'assaillant va tout à l'heure franchir le mur et venir vous imposer sa loi ; elle vous montre en perspective très-rapprochée l'esclavage où il va vous plonger, les chaînes dont il va vous couvrir... Oh ! alors, elle est alerte, prévoyante, grande et forte ! et alors aussi vous la sentez, cette liberté ; elle vous anime, vous transporte, et, par conséquent, vous en jouissez. Et comment ? parce qu'un homme, votre semblable, l'a menacée, l'a froissée. Et sous ce froissement produit par une cause extérieure, la corde, qui tout à l'heure ne rendait plus un son, vibre maintenant dans toute sa force. Faites vous-même l'épreuve, lecteur, et dites-moi si les choses se passent autrement.

Mais, objectez-vous, dans l'action de cet homme envers moi, action qui n'est rien moins que mauvaise, je ne saurais voir un acte de société. — C'est vrai. Mais aussi sans cet homme vous cessiez complétement d'être libre.

D'ailleurs, en place d'une menace, mettez un de ces frottements insignifiants qui naissent du fonctionnement de la machine sociale, c'est-à-dire, entre hommes, d'une simple différence d'humeur, et l'effet, sans être aussi violent, ne s'en produira pas moins.

En résumé, l'homme, esclave par ce qui lui manque, libre par ce qu'il possède, a besoin que cette possession, si je puis dire, s'échappe à sa volonté, fuie devant lui, afin de l'exciter à l'atteindre, à la ressaisir, et d'entretenir ainsi, par ces menaces de disparition, l'exercice de sa liberté et d'en augmenter la durée.

VII

SI LA RAISON PEUT QUELQUE CHOSE SUR LES BESOINS MATÉRIELS

Venons maintenant aux objections prévues et notées au chapitre VI.

On nous dit; 1° Vous voulez « que chacun travaille à la terre. » C'est une absurdité ni plus ni moins, car alors qui est-ce qui travaillera à la science, sans laquelle, selon votre avis aussi, l'homme ne pourrait rien produire, et par conséquent resterait misérable ?

2° Vous voulez « que tout homme possède assez de terre pour satisfaire, par son travail, à ses besoins. » Or, les besoins sont inégaux ; chacun les a plus ou moins grands ; et puisque, selon vous, c'est sur eux que doit se régler la possession de la terre, cette possession devient forcément inégale, et, du même coup par conséquent, détruit la société telle que vous la concevez, c'est-à-dire basée sur l'égalité.

3° Enfin, il y a une question qui domine les deux précédentes, c'est à savoir si, même par le travail porté à sa plus haute extension et perfection, la terre suffira toujours à la nourriture de tous les hommes?

Passons de suite à votre deuxième objection.

D'abord, les besoins ne sont pas si inégaux qu'on veut bien le dire. Et tandis que, par exemple, il me suffira de croquer un lapin, il ne vous sera pas nécessaire, j'imagine, d'engloutir un bœuf. Sauf de très-rares exceptions, j'ai toujours vu, à la même table, parmi vingt, cinquante, cent individus de tous pays et de toutes professions, que, quand l'un n'avait plus faim, l'autre était bien près de manquer d'appétit. Et puis, les besoins, même ceux qui nous occupent, sont comme les enfants et les femmes ; ils ne deviennent souvent si exigeants que parce qu'on ne sait par leur résister. Ventre affamé n'a pas d'oreilles, dit-on. C'est vrai. Mais aussi il faut se garder d'en avoir pour lui de trop complaisantes. C'est là surtout que, à force d'accorder des priviléges, on se précipite dans les abus. Le ventre, puisqu'il faut appeler les choses par leur nom, peut aussi, lui, être, je ne dis pas soumis, contraint, mais tout au moins retenu par la raison (1). Et puisque la raison a pour effet direct et immédiat de produire l'égalité, il en résulte que votre objection même en ce qui concerne les besoins, ne saurait l'infirmer.

Mais alors, poursuit-on, si l'égalité des besoins est amenée par la raison, il faut d'abord que la raison soit dans chacun de nous et, de plus, qu'elle y soit à peu près égale : et cela n'est pas.

Cela n'est pas, sans doute ; mais pouvez-vous dire que cela ne sera jamais ? La raison, c'est la science, n'est-ce pas? et la science, au point de vue qui nous occupe en ce moment, la satisfaction des besoins matériels, se rattache pour beaucoup à la science de la terre ou de ses produits. Or, cette science ne s'obtient que par la pratique (je mets qui que ce soit au défi de me prouver le contraire). Que chacun donc

(1) La civilisation n'est-elle pas le résultat de la raison primant la matière ?...

agisse dans ce sens : que chacun travaille la terre, et dès lors, par cette égalité de pratique, l'égalité de science ou raison devient possible, l'égalité de besoins (parce que le même travail amène le même résultat) possible aussi, et l'égalité de possession (basée sur les besoins) possible encore.

Tout s'enchaine, comme vous voyez, dans notre idée, ou se déroule naturellement. A tel point que, en réfutant la seconde de vos objections, nous avons, sans nous en douter, détruit également la première.

Nous venons de voir, en effet que l'égalité de besoins et de possession n'a lieu que si chacun travaille à la terre. Ce qui, selon vous, tout à l'heure, était absurde.

Voyons maintenant la troisième objection (1). Celle-ci est plus sérieuse. Elle est même d'une portée désespérante. C'est le nuage le plus sombre qui obscurcisse l'avenir, et qui menace, si on essaye de le percer, de nous abîmer sous un déluge de fléaux que, jusqu'à présent, nous devons lui savoir gré d'avoir pu contenir.

Mais l'humanité marche... marche... Ecartera-t-elle le nuage, ou celui-ci l'engloutira-t-il?... Qui sait? Qui peut savoir? — Il reste, pour résoudre cette question, à soulever la nuit des temps ; et le flambeau de la raison peut-il nous éclairer assez pour pénétrer dans cette éternité d'incertitude...

Mais, sans vouloir plonger dans ces profondeurs vertigineuses, sans vouloir préciser le moment où ce cataclysme arrivera... s'il arrive, rien, jusqu'à ce moment, n'enlevant la possibilité de suffisance de la terre à l'humanité, nous continuerons, en raisonnant d'après notre principe que celle-là est la base de celle-ci, à la suivre jusqu'au terme fatal ; sauf à dire, une fois arrivé là et puisqu'on ne peut aller plus loin : après... le déluge.

Mais pourtant, avant de donner pour conclusion cette per-

(1) Si la terre suffira toujours à ses habitants.

spective peu rassurante, il convient de dire peut-être comment et pourquoi nous sommes conduits à la poser : *comment et pourquoi, en un mot, l'humanité, partant de l'inconnu qui la précède, peut arriver à l'inconnu qui la dépasse...*

Donc : qu'est-ce qui précède l'humanité ? est la première question qu'il faut examiner.

VIII

DE LA MULTIPLICATION DE L'ESPÈCE PAR RAPPORT AUX SUBSISTANCES ET A LA LIBERTÉ

Si, remontant de mon être à celui de qui je tiens le jour, et ainsi de suite jusques et y compris l'être premier qui ait existé, je me demande qu'elle est la cause de tous ces êtres (humains bien entendu), je n'en puis admettre qu'une, l'amour, ou ce qu'on est convenu d'appeler tel. L'amour donc précède, est avant l'humanité : par conséquent libre, indépendant de l'humanité ; ayant existé et pouvant exister sans elle, en dehors d'elle : ce qui fait que, au rebours, l'humanité est esclave de l'amour, dépendante de lui, puisque sans lui elle ne serait pas, n'eût jamais été.

L'amour donc est la cause immédiate, mais distincte, de l'humanité. Et puisqu'il en est entièrement libre, indépendant ; c'est-à-dire que sa force, sa puissance sont pour elle sans limite, elle ne peut par conséquent ni le mesurer, ni le déterminer, ni l'expliquer, ni le connaître.

Qu'est-ce que l'amour ? nous n'en pouvons rien savoir, sinon qu'il est la cause d'existence de l'humanité, dont l'humanité use, mais ne peut disposer.

L'amour, en effet, ne s'acquiert pas : il nous est donné, imposé ; il nous gouverne, il est notre maître, absolu, inflexible ; il ordonne, il régit. Le véritable amour (je laisse de côté l'amour avorton), le véritable amour, dis-je, dans ses effervescences les plus honteuses comme dans ses sensations les plus pures, ne peut être su de l'homme ; et selon le côté, brutal ou sublime, auquel il s'impose à lui, il en fait ou un monstre, ou un dieu; c'est-à-dire toujours, quelque chose d'inexpliqué.

L'amour donc est insaisissable à la raison humaine, et celle-ci ne lui tracera jamais aucune loi, ni n'en fera l'objet d'aucune science.

L'amour est la loi, et vous voudriez lui dicter son code! faire la loi à la loi!

La science est la raison, qui ne s'est déterminée que dans le cours de la vie de l'humanité : et vous voudriez soumettre à la raison la cause de cette vie! vous ne savez rien même de ce second terme, la vie, et vous voulez expliquer le premier! vous ne savez rien de l'onde, et vous voulez réglementer et son cours et sa source!

Une science de l'amour... pitié!

Car, au point de vue de votre objection, le mot science n'a pas d'autre objet que celui de contenir l'amour, d'en amoindrir l'effet; d'étouffer précisément ce qui le caractérise : la liberté.

Or, je vous pose cette simple question : si vous pouvez bien, avec la science, dire tel jour, à telle heure, je façonnerai ou créerai tel ou tel produit; pouvez-vous dire aussi : tel jour, à telle heure, je me reproduirai? ou seulement, à tel moment je succomberai ou résisterai à l'amour? — Non. Alors c'est l'amour qui est libre, et vous qui êtes esclave. Et toute la science du monde serait impuissante à vous affranchir.

Tout ce que nous pouvons dire de l'amour, c'est qu'il est une cause créatrice continuelle sous la loi de qui l'humanité devient simplement cause reproductrice, mais continuelle aussi, de même que lui. L'amour, en effet, crée sans cesse, ici ou là.

Chez les animaux, il est périodique; il a ses saisons, ses intermittences : chez l'homme en général, ou plutôt dans l'humanité prise en masse, il ne s'arrête pas (1).

Il y a plus. C'est que son ralentissement indique, dans

(1) L'amour n'est pas périodique chez l'homme, a dit un philosophe moderne.

l'homme, l'approche de la mort, et que l'instant où il disparaît entièrement est aussi l'heure de notre fin.

Quels sont les hommes les plus forts, les plus hardis, les plus remplis de vie enfin? ceux en qui l'amour domine.

Et les faibles ne sont-ils pas aussi les impuissants?

Et il n'y a sans doute que ceux-ci qui puissent dire que, à l'aide de la science, de la raison, il serait aisé de resserrer, comprimer, assujettir l'amour, qu'ils n'ont jamais senti; comme il pourrait me sembler, à moi qui n'ai jamais senti l'étreinte du lion, facile de le museler.

Laissez faire, laissez passer. C'est à l'amour que, pour de bonnes raisons, ceci peut s'appliquer.

Croissez, multipliez. — Si celui qui a écrit ces paroles comme venant de Dieu avait connu l'amour, il les aurait passées sous silence, car il aurait vu qu'elles renfermaient précisément le but auquel l'humanité ne pouvait se soustraire, prévu de Dieu, par conséquent, et que dès lors il était convenable et digne de le supposer assez sage pour ne point faire ainsi une recommandation inutile, pour ne pas dire insensée. Car enfin, si Dieu aurait pu dire pour l'époque primitive, multipliez : il aurait dû, pour les époques postérieures, prononcer un avis tout contraire. Ce qu'il n'a pas fait, ou du moins qu'on ne nous a pas dit qu'il ait fait. Or, voici comment il faudrait interpréter ce silence.

C'est que, comme nous l'avons dit, l'amour, par rapport à l'humanité, étant libre, s'il peut multiplier ses effets, il peut aussi les faire cesser, ou seulement les amoindrir ; s'il produit la vie et la prolonge, il peut de même ne pas la produire, ou seulement la réduire : par conséquent amener, sur la terre, un trop grand nombre d'habitants pour qu'elle leur suffise, ou un nombre assez restreint pour qu'elle leur suffise toujours, ou encore amener, en cessant de l'animer, l'anéantissement de l'humanité.

Il suit, en effet, de ce qui précède, que, la vie étant pour nous la manifestation extérieure de l'amour, la diminution, l'amoindrissement, l'affaiblissement de celui-ci dans l'humanité, est le signe certain du dépérissement de la race ; et que l'instant où l'humanité croit pouvoir dompter, maîtriser, légiférer l'amour, est précisément l'instant où il l'abandonne, ou à sa décrépitude, ou à sa déchéance : comme le vieillard, successivement refroidi et glacé par l'absence de plus en plus marquée de l'amour, croirait chaque jour lui faire éprouver une nouvelle défaite, tandis qu'au contraire ce serait celui-ci qui, en fuyant toujours, lui fournirait la triste occasion de le vaincre.

On a mis en avant (1), comme pouvant commander à l'amour, c'est-à-dire l'affaiblir, le travail. Certes, ici, le moyen est louable, et nul plus que nous ne le recommanderait... si nous n'en avions reconnu l'inefficacité.

Qu'est-ce que le travail ? le produit de la force. Sans force, en effet, point de travail.

Le travail dépend donc de la force.

Or, les hommes doués de plus de force sont, comme nous l'avons dit et comme il résulte d'ailleurs de l'observation, ceux en qui l'amour domine.

La force dépend donc de l'amour.

Puis donc que le travail dépend de la force, qui dépend de l'amour, il suit que le travail dépend de l'amour, et que dès lors il est absurde de dire qu'il puisse lui commander.

Encore une fois, soyez certain que là où l'amour s'efface, l'individu s'affaiblit.

Il n'en est point de lui comme de la faim. La faim n'est qu'un besoin avec lequel, à toute force, on peut encore raisonner. L'amour est une passion, et là, la raison n'a rien à faire. C'est une nécessité que, bon gré mal gré, il nous faut subir.

Je dis subir, car dans tous ses actes l'amour est loin de nous satisfaire. Autant l'amour, en effet, en tant qu'il vient du cœur, est élevé, autant dans ses actes physiques il est ignoble et stupide. Et l'humanité, dans l'accomplissement de ces actes, n'a pour nous qu'une excuse : c'est qu'elle y succombe. C'est que, devant la loi de l'amour, elle est inévitablement sujette, invinciblement esclave...

Mais, dit-on, si l'amour domine tellement l'humanité qu'il

(1) Un autre philosophe.

en soit la seule loi, toutes nos facultés s'abaissent forcément devant lui, et ne sont plus que de vains mots?

Le soleil domine tellement la terre qu'elle ne produirait rien sans lui ; s'ensuit-il que la terre et ses produits soient de vains mots ?

Il en est de même de nos facultés. Seulement, dans le domaine où elles se meuvent, la féodalité n'est pas détruite, et l'amour est le seigneur qui s'est réservé la préséance.

Donc, demander si, par ses produits, la terre sera toujours ou non en rapport avec le nombre de ses habitants, c'est à quoi nul ne peut répondre ; et il est même absurde de soulever la question. Car, outre que, pour la résoudre, il faudrait ériger l'amour en code, ce qui est impossible, il faudrait, de plus, être certain que tous les moyens de production de la terre, les connaître entièrement : ce qui n'est pas plus possible. De quoi dépend, en effet, cette production? de deux choses principales : la chaleur et la pluie. — En sommes-nous les maîtres?...

De même donc que, pour préciser le nombre d'habitants à naître sur le globe, les lois de l'amour nous manquent ; de même, pour préciser les moyens de production de la terre, la loi des éléments nous manque également.

La terre est pour nous comme un cadran dont les heures seraient marquées par les produits : nous pouvons bien compter les heures, mais qui est-ce qui en amène et en marque le nombre !...

Et comment se fait-il, et pourquoi arrive-t-il que l'heure tantôt avance ou retarde, ou tantôt s'arrête ; en un mot, comment et pourquoi la terre produit-elle tantôt plus, tantôt moins, et tantôt ne produit rien...?

Autant de questions, autant de silences. Et pourtant, on le voit, c'est de là que dépend le sort de l'humanité : car il est bien évident que pour assurer la consommation, il faut d'abord être sûr de la production ; je ne puis vous dire de compter sur un œuf pour votre dîner, si je ne suis certain qu'une poule l'ait pondu; pas plus que je ne puis vous promettre un quintal de froment avant que la terre ne l'ait produit. Et si la poule se refuse à pondre, et la terre à produire !...

Tant que ces questions, donc, ne sont pas résolues — et elles ne le seront jamais, — tout ce que le génie le plus vaste, la pensée la plus profonde, peut dire sur la durée d'existence de l'humanité, se réduit en définitive à zéro.

Il n'y a, et ne peut y avoir que celui qui a créé la terre qui puisse préciser la durée et fixer la quantité de ses produits. Et par conséquent il n'y a que celui-là qui sache quand et comment l'humanité doit finir.

Quel peut-être ce celui? C'est ce qu'il nous faut voir encore.

IX

SI DIEU EXISTE : SON INFLUENCE SUR LA LIBERTÉ

La terre ne s'est pas faite seule, puisque par elle-même elle est inerte : qui l'a créée et rendue capable de produire? nécessairement, inévitablement une cause antérieure à elle et que, par rapport à elle, il faut appeler *première*.

L'homme aussi ne s'est pas fait seul : il faut donc que quelqu'un l'ait créé. De plus, si en naissant il était abandonné à lui-même, il périrait infailliblement : donc encore il faut que quelqu'un ait tenu lieu de père et mère à l'homme premier-né, jusqu'à l'âge où il a pu subsister lui-même.

Quelle est donc cette cause première de la terre et de l'homme?

L'amour, avons-nous dit, est la cause de l'homme. Mais il ne peut l'être de la terre : l'homme et la terre ont-ils donc chacun une cause différente?

Mais la terre est faite pour l'homme, qui ne vivrait pas sans elle; elle doit donc avoir été créée avant lui, en prévision de lui : l'amour alors ne viendrait qu'en seconde ligne, et ne doit être considéré que comme une faculté de la cause première, qui alors serait la même pour l'homme et la terre, ne serait qu'une.

Cette cause, que pour **LA TERRE** *et* **L'HOMME SEULEMENT** *nous appelons* **PREMIÈRE**, existe donc, et, puisqu'elle existe, il doit y avoir, entre elle et nous, un rapport quelconque.

En quoi peut consister ce rapport?

Je dirai d'abord ce que j'ai dit de l'amour.

Puisque cette cause (que comme tout le monde nous nommerons Dieu) est avant nous et sans nous, par rapport à nous elle est libre, et nous ne pouvons rien contre elle. Mais pouvons-nous sans elle? Là est le point important.

Il s'agit donc de savoir en quoi nous dépendons de Dieu, et en quoi nous pouvons n'en pas dépendre, ou, ce qui est la même chose, en quoi nous ne sommes pas libres, et en quoi nous pouvons l'être.

La seule chose que l'homme ne puisse se donner, c'est la vie : l'homme dépend donc de Dieu sous ce rapport ; en un mot, il n'est pas libre avec l'amour, ou faculté de Dieu de produire la vie. Dieu donc, par l'amour et ce qui tient de l'amour, est libre de l'homme et lui impose sa loi.

Mais en dehors de là l'homme est-il libre? oui. Parce que, l'amour écarté, la raison reste, et avec elle la liberté.

En effet, s'il est bien évident que je n'ai pu moi-même acquérir ma vie parce qu'elle me précède, et si je ne puis ni la développer ni l'agrandir, en un mot si je n'en suis pas libre: il est bien évident aussi que j'ai pu acquérir ma raison, puisque je la précède et peux la développer et l'agrandir, et qu'alors, avec elle et par elle, je suis libre.

Mais, dit-on, comment avez-vous acquis votre raison? — Nous l'avons vu, par la société.

Mais on poursuit : on ne peut acquérir une chose que si elle est en dehors de soi, et alors de deux choses l'une : si vous avez acquis votre raison, avant cette acquisition elle était en dehors de vous, et où était-elle...? ou votre raison ne fut jamais en dehors de vous, et vous ne l'avez pu acquérir, et puisqu'elle est en vous aujourd'hui, il faut croire qu'elle y fut de tout temps; ce qui nous amène forcément à dire que, comme la vie, elle vous a été donnée par Dieu, et que, dès lors, avec l'une comme avec l'autre, vous dépendez également de lui et n'êtes pas libre.

Outre que je pourrai répondre que ma raison m'eût-elle été donnée, comme ma vie, par Dieu, il ne s'ensuivrait nullement que je ne puisse être libre, car après tout je croirais plutôt que, en nous donnant la raison, Dieu aurait voulu nous donner un guide sûr afin de n'être pas obligé de nous en servir lui-même, et qu'alors peu importerait l'acte de possession de ma raison, l'essentiel étant que je la possède; outre cela, dis-je, je maintiens que je l'ai acquise, et voici pourquoi.

Jusqu'à l'âge de dix ou douze ans, l'homme, vécut-il en société, ignore sa raison : puisqu'il l'ignore, il ne la possède pas; indépendamment de l'âge, tant qu'il n'a pas vécu en société, il l'ignore complétement : il ne la possède donc encore pas. Or, qu'avant ces différentes époques sa raison soit ou ne soit pas en lui, puisqu'il l'ignore et n'en sait pas l'usage, c'est absolument pour lui comme si elle n'existait pas.

Maintenant, puisqu'au contraire c'est à l'occasion de la société qu'elle se manifeste en lui, qu'elle se rend sensible, qu'il l'apprend et la sait en un mot, je dis donc que c'est de la société qu'il l'aquiert, et puisque c'est alors seulement qu'il en sait et peut faire usage, que c'est alors seulement qu'il est libre.

Elle ne m'est donc point donnée comme la vie, la raison, puisque la vie est une chose qui est avant moi, toute de Dieu et toute à Dieu par conséquent, et dont absolumentje ne puis rien savoir, à laquelle je ne puis rien et dont la non-apparition implique pour moi le complet néant; tandis que ma raison au contraire est une chose après moi et dont la non-apparition n'implique pas pour moi le complet néant, puisque, dans l'enfance et avant la société, je vis sans elle et en l'ignorant.

Notre liberté donc,par rapport à Dieu, résulte de cette différence :

1° Que la vie nous précède, tandis qu'au contraire la raison nous suit;

2° Que la vie est pour nous une chose inexplicable, tandis qu'au contraire nous pouvons nous rendre compte de la raison.

D'un côté nous ignorons, et nous sommes dépendants; de l'autre nous savons, et nous sommes libres.

D'un côté enfin, l'amour ou la vie ou Dieu : l'inconnu !

De l'autre, la raison !

C'est à ces deux termes que tout se ramène, parce que c'est d'eux que tout découle.

X

DE L'ORDRE MATÉRIEL ET MORAL

Mais si, vis-à-vis de Dieu, la raison seule constitue ce qu'il y a de positif dans notre liberté, dans la société, la raison seule n'aboutit pas à la négation de la liberté sans doute, mais à la liberté relative.

Vis-à-vis de Dieu, le degré de liberté positive à laquelle il nous est donné d'atteindre, résulte de l'ordre moral pur; dans la société, pour que la liberté positive existe, il faut nécessairement, fatalement, si l'on veut, franchir les limites de cet ordre.

En un mot, l'homme étant un composé de matière et de raison, et la raison ne se manifestant en lui que par la réalisation de l'ordre matériel, ou plutôt par la présence d'éléments matériels chaotiques sur lesquels elle est appelée à faire la lumière, il faut donc que la présence de ces éléments soit réelle pour que, ensuite, la raison humaine ait un objet ou un but assignable; soit réelle aussi, c'est-à-dire qu'il faut que les principes de l'ordre matériel existent, pour que ceux de l'ordre moral apparaissent.

Maintenant, est-il un seul homme qui osât nier la possibilité, plus au moins prochaine, de l'ordre moral? Non.

Or, puisque l'ordre moral dépend de l'ordre matériel, celui-ci est donc possible aussi.

Et comme, dans la société, l'ordre matériel établi n'est

autre que la liberté positive produite, ce résultat sera donc également atteint, et voici sous quelle forme.

Si l'on veut bien se rappeler ce que nous avons dit déjà :

1° Que l'homme avant la société, et en dehors de la société, n'est rien ;

2° Que la société est un fait d'égalité de possession amené et fixé par la raison ;

3° Que la liberté résulte de cette possession d'abord, et ensuite de ce que, à l'aide de cette possession, l'homme parvient à produire ce qu'il consomme, *se suffit à lui-même;*

4° Que c'est de la terre seulement que l'homme tire cette production ou suffisance ;

Il est clair que pour l'avenir le résultat sera : que tous les hommes vivront en une seule et même société, ou société générale, où ils jouiront tous d'une égale liberté résultant d'une égale possession du sol (1).

XI

DE LA RÉPARTITION DU SOL

Disons tout de suite comment devra se régler cette possession. Ce n'est pas chose facile. Et c'est pourquoi sans doute — même après avoir conclu comme nous venons de le faire — aucun auteur, que je sache du moins, ne s'en est occupé jusqu'ici. Ils ont dit comment l'édifice serait construit ; c'est très-bien. Mais il aurait fallu dire aussi et avant de quelle manière il faut le construire, et sur quels fondements.

1. La terre est, presque partout, d'inégale valeur. Il faudra donc, dans chaque contrée d'un territoire, faire autant

(1) Dans les républiques grecques et romaine, le partage des terres avait lieu, et, chez nos aïeux les Gaulois, il se renouvelait tous les cinq ans. Dans les républiques modernes, en Suisse et en Amérique, il n'existe pas, ni l'égalité non plus. A vrai dire, ce sont des républiques bâtardes. Mais, toutes bâtardes qu'elles sont, elles s'éloignent moins de la légitimité gouvernementale, — cela d'ailleurs résulte du principe même ; — que tout autre gouvernement, même constitutionnel.

de parts qu'il y aura d'individus appelés à en jouir. Et ces parts seront à l'instant séparées par des limites fixes.

Une fois ce partage accompli et les lots composés et numérotés, il en sera dressé un acte général qui deviendra en même temps le titre de chacun.

2. Les lots seront inaltérables, et il n'y sera, en aucun cas, rien retranché ni ajouté. Ils resteront toujours distincts l'un de l'autre, à moins d'un remaniement général ordonné par la société.

3. Nul ne pourra échanger en partie le lot qui lui sera échu : on comprend que cette manière de procéder ramènerait l'inégalité, une bonne parcelle d'un lot pouvant s'échanger contre une mauvaise. Mais tout individu pourra échanger son lot en entier contre un autre lot également entier : les lots étant égaux, cet échange (que peut rendre nécessaire un changement de résidence) n'a aucun inconvénient.

4. Nul ne pourra, en aucun cas, vendre son lot : Celui qui aurait un lot, pouvant l'acheter, l'égalité serait détruite.

Chacun devra lui-même cultiver son lot, *se suffire à lui-même*. Nous dirons plus tard ceux qui n'y seront pas obligés.

6. L'homme et la femme, en se mariant, apporteront chacun leur lot, mais sans pouvoir jamais les réunir et leur donner un même titre.

7. Tout enfant, en naissant, a droit à un lot. Ses père et mère le cultiveront jusqu'à ce qu'il soit en âge de le faire lui-même. Et ce lot, ou ces lots, s'il y a plusieurs enfants, seront comme ceux des père et mère, toujours distincts l'un de l'autre.

Mais, dit-on, si vous admettez le mariage, et par conséquent la famille, vous admettrez en même temps et les bénéfices qui peuvent en résulter, et les accidents qui peuvent en survenir. Par exemple, du mariage il peut naître un, quatre, six enfants, plus ou moins, et chaque enfant ayant, selon vous, en naissant, droit à un lot, il y aura donc, dans les familles et selon le nombre d'enfants, une diverse quantité de lots, d'où suivra nécessairement l'inégalité. De plus, s'il naît d'un mariage six, huit ou dix enfants, comment voulez-vous que les père et mère cultivent les six, huit ou dix lots qu'il leur en adviendra? Et enfin, si le père ou la mère vient à mourir avec ou sans enfants, ou s'ils meurent tous deux avec des enfants en bas âge, comment les choses s'arrangeront-elles pour que l'égalité n'en soit pas atteinte et que les enfants (en bas âge et ne pouvant travailler) puissent vivre?

8. 1° Nous répondons d'abord que, quant aux enfants qui naissent du mariage, il est naturel, et de toute justice, que plus il en survient, plus les père et mère doivent posséder pour les élever : en bonne conscience, le contraire ne se peut admettre ; il y a dans ce cas une charge qui doit être compensée par un bénéfice. D'ailleurs, entre le cas où le nombre des lots augmente en même temps que le nombre d'enfants, et celui où il n'augmenterait pas, au travail près, le choix des père et mère ne saurait être douteux. Et puis l'enfant, parvenu à un certain âge, travaille et devient moins à charge, et enfin, devenu homme, il fera lui-même valoir son lot. — Donc, quant à l'égalité, elle n'en sera point détruite, puisque, dans chaque famille, il n'y aura toujours qu'autant de lots qu'il y aura d'individus ; et, quant à la difficulté pour les père et mère de faire valoir les lots de plusieurs enfants, il n'y a absolument de remède que dans le bénéfice qui, lorsque ces enfants travailleront, ne manquera pas de résulter de ce travail fait en famille.

9. 2° Maintenant, dans le cas où l'un des époux meurt sans enfants, le lot du décédé retourne à la société.

10. 3° S'il y a des enfants, la chose a lieu de même : seulement, en place du lot du décédé, ce pourrait être, au choix de l'époux survivant, celui de l'enfant ou d'un des enfants, qui alors aurait droit au lot du défunt.

11. 4° Si les père et mère meurent tous deux avec un ou plusieurs enfants, deux lots de la famille, désignés par ce ou ces enfants, retournent à la société.

12. Pour le cas où les père et mère mourraient avec des enfants en bas âge, la société aura des orphelinats où ces enfants seront élevés à sa charge jusqu'à l'âge où ils pourront faire eux-mêmes valoir leur propre lot.

13. Excepté les deux cas cités plus haut (10, 11), le lot de

tout individu, marié ou non, qui vient à mourir, retourne immédiatement et directement à la société.

La société, en un mot, *est le seul possesseur de la terre. Et tout individu est le fermier de la société* (1), *qui lui demande, en échange de la jouissance du lot qu'elle lui garantit pour toute sa vie, la culture de ce lot.*

Et qu'on ne dise pas que chaque individu n'étant que fermier, la terre ne sera pas cultivée comme s'il en était possesseur. Car chacun étant sûr de jouir à vie de son lot, et ne pouvant compter que sur ce lot pour vivre, le soignera dans un temps comme dans l'autre. De plus, s'il est vrai que le fermier, tel qu'il existe aujourd'hui, commence à cultiver moins bien à mesure qu'il approche du terme de son bail, on sent bien que, dans le cas qui nous occupe, il n'en pourra être ainsi : car ici le fermier, ne connaissant pas le terme de son bail, puisqu'il ne finit qu'avec lui, aurait à craindre, s'il négligeait la culture de son lot, d'être, sur ses vieux jours ou même n'importe à quel moment de sa vie, pris au dépourvu.

Il s'agit maintenant de voir comment il sera possible d'assurer, *en tout temps*, à chacun un lot.

Si le nombre d'habitants ne variait pas, une fois la surface de la terre connue, et chacun en ayant une part égale, la chose serait définitivement réglée et tout serait dit. Mais il n'en est point ainsi. Par exemple, il peut arriver que le nombre des décès surpasse celui des naissances, et alors il y aura des lots sans maîtres et qui par conséquent ne seront plus cultivés, et il y aura une perte pour la société ; ou que le nombre des naissances surpasse celui des décès, et il y aura des nouveau-nés qui manqueront de lot et le mal sera encore plus grand. Comment éviter ces inconvénients ? De la manière suivante.

L'Europe a une population de deux cent dix personnes par lieue carrée à peu près, ce qui fait sept hectares soixante et un ares par personne.

(1) Trois ans après que ceci avait paru, nous avons eu l'occasion de voir un écrivain étranger qui est aussi de cet avis.

Baissons ce chiffre, ramenons-le à ce qu'il faut pour qu'une personne puisse vivre : trois hectares (beaucoup vivent à moins), ce qui nous donne, pour chaque lieu carrée occupée par deux cent dix personnes, un superflu de neuf cent soixante-sept hectares dix ares, ou, pour chaque personne, quatre hectares soixante et un ares.

Faisons encore des concessions, ramenons ce superflu de quatre hectares soixante et un ares à trois hectares, et admettons pour un moment que la lieue carrée n'a que douze cent soixante hectares en place de seize cents, dont elle se compose réellement.

Prenons maintenant pour exemple ces 1,260 hectares et 210 habitants, ce qui est la même chose que de faire l'opération pour la masse générale : voici donc comme il faudra s'y prendre. Des 1,260 hect. on fera 420 lots, et 210 seront donnés aux 200 personnes existantes à ce moment du partage. Les 210 lots restant formeront une réserve pour le cas où le nombre d'habitants viendrait à augmenter. En attendant, *cette réserve sera cultivée* **EN COMMUN** *par les 210 personnes, qui s'en partageront de même les fruits.*

Et que cette réserve, par les décès ou les naissances, diminue ou augmente, *il en sera toujours disposé ainsi.*

Si elle s'épuise, c'est-à-dire si le nombre d'habitants monte de 210 à 420, il n'y a pas d'inconvénients, puisqu'il y a toujours un lot pour chaque personne. Et si la population augmente encore, il nous reste alors, sur la lieue carrée que nous n'avons supposée que de 1,260 hectares, 340 hectares par conséquent avec lesquels on agira comme avec les 1,260 premiers ; c'est-à-dire qu'il en sera fait 113 lots, qui seront successivement donnés à chaque individu survenant en plus des 420 déjà existants. Et, jusqu'à ce que ces 113 lots soient épuisés, ce qui en restera sera, comme la première réserve, cultivé, et les fruits partagés par et entre toute la population (1). Enfin, si la population dépassait 533, il faudrait im-

(1) Il vaudrait mieux dès l'abord faire des seize cents hectares, dont se compose la lieue carrée, cinq cent trente-trois lots. Car il serait possible que les trois cent quarante derniers hectares eussent été laissés comme terre de moindre qualité.

médiatement procéder à un nouveau partage général sur le modèle du premier, en laissant surtout une réserve suffisante pour ne pas nécessiter souvent de tels remaniements, réserve basée sur le mouvement de la population et en prévision de son augmentation.

On pense bien que ce nouveau partage ne pourra avoir lieu qu'en diminuant la quantité de terres de chacun ; c'est-à-dire que chaque lot, qui primitivement était de 3 hectares, devrait être réduit à 2 3/4, puis à 2 1/2, puis à 2, et ainsi de suite : si bien que, la population augmentant toujours, la quantité de chaque lot ne suffisant plus à la nourriture de chaque individu... nous retombons dans le problème dont nous avons parlé plus loin... Mais on voit que, pour notre continent, nous sommes encore loin d'en être réduits là, puisque les 7 hectares 61 ares, qui actuellement reviendraient à chacun, peuvent être réduits à un hectare, auquel cas tout individu pourrait vivre encore. Et, d'ailleurs, qui sait si, par la suite, l'humanité ne réalisera pas quelque progrès en agriculture qui lui permette de vivre avec une faible quantité de terre ? Et puis, nous avons pris pour exemple l'Europe, qui est, par rapport à son territoire, la contrée la plus peuplée du globe : si, en dépit de toute entrave, et réalisant les conséquences de l'idée, le monde entier ne formait plus qu'une seule et même société, les contrées aujourd'hui les moins peuplées, ou même qui ne sont pas peuplées du tout, augmenteraient ainsi singulièrement la part de chacun. Et, en place de 7 hectares 61 ares que nous comptons, il faudrait peut-être mettre 15, 20, 30, 50 hectares et plus...

Rassurons-nous donc : la terre ne nous fera pas défaut. Elle est la mère de l'homme, avons-nous dit. Or, jetons les yeux autour de nous : partout et dans tout nous voyons gravée cette loi éternelle : que toute mère donne la vie à ses enfants.

XII

DE L'INÉGALITÉ SOCIALE; SON EFFET

L'humanité devant se constituer un jour en société générale, il va sans dire que les sociétés particulières existantes disparaîtront.

Quelle sera la cause de cette disparition ?

Toutes réunions d'hommes qui, depuis le commencement du monde jusqu'à nous, se sont formées, ont péri. Pourquoi, quand beaucoup d'entre elles ont jeté un si vif éclat, sont-elles tombées en une ruine si complète ? Oui, pourquoi ces réunions si puissantes, si grandes, qui semblaient assises sur l'éternité, y ont-elles tenu si peu de place ? C'est ce qu'il faut voir.

En général, rien ne vit, ne résiste, ne dure, que par la force : Tout ce qui finit ou meurt, donc, manque de force. Où il n'y a pas de force, il n'y a pas de vie, pas de durée ; il n'y a rien.

Ces réunions ont donc vécu et duré parce qu'elles ont été fortes ; et elles ont péri parce qu'elles sont devenues sans force : Et pourquoi ? parce qu'elles avaient pour principe l'inégalité.

Où il y a inégalité, il y a force et faiblesse : dans les choses cela importe peu ; mais chez les hommes réunis en société, il en est tout autrement.

Si la société est basée sur l'égalité, la raison alors faisant la loi, il n'y a là ni fort ni faible, et être l'un ou l'autre est tout un. Mais si elle est basée sur l'inégalité, le fort alors étant tout, le faible n'est rien ; et il y a nécessairement guerre continuelle entre eux.

Quand je dis que le faible n'est rien, je me trompe : il est l'esclave du fort ; il travaille pour lui, il le sert et le fait vivre. D'où on peut dire que, en définitive et malgré la contradiction, *le faible est l'appui du fort.*

Or, dans toute société basée sur l'inégalité, il n'y a en

définitive qu'un fort : Le plus fort, le *chef*, le *maître* : — Tout le reste par conséquent est donc faible, est esclave. Et c'est sur ce reste que le chef s'appuie ! *C'est sur ce qui est faible que ce qui est fort repose !...*

Tirez maintenant la conséquence, et dites-moi ce qu'il peut arriver du fort s'appuyant sur le faible, du maître s'appuyant sur l'esclave : inévitablement ce qui, jusqu'ici, est toujours arrivé, leur chûte à tous deux.

Comment ? vous voulez que ce qui est sans puissance soutienne la puissance ! et encore, quand ce qui est sans puissance, quand ce qui est esclave n'a, comme nous l'avons dit déjà, qu'un seul sentiment pour vous : la haine ! qu'un seul but : vous renverser !...

Je vous ai dit, lecteur, que si, après m'avoir par la force enlevé ma part de la poule, vous me contraigniez, de plus, à vous suivre et à vous servir, je vous détruirais : Voyez comment ont péri les sociétés dont le principe d'inégalité avait forcément fait germer en elles cette idée de vengeance, et dites-moi si leur fin ne provient pas de la réalisation de cette idée en fait ?

Avec l'inégalité, les chefs de ces sociétés ont creusé entre eux et les masses un abîme où ils ont croulé avec elles.

En effet, si une réunion d'hommes ainsi formée peut bien durer quelque temps parce que, au commencement, les masses, tremblantes sous le fouet dont on les menace, travaillent pour le maître et le font vivre : il est tout naturel que, par la suite, réfléchissant à leur état misérable et auquel elles n'aperçoivent point de terme, elles conçoivent et mettent à exécution un projet comme suit :

Nos maîtres ne vivent que par nous, se disent-elles, ou par notre travail.

Or, si par notre travail nous pouvions faire que la terre ne produise rien, c'est-à-dire si nous travaillions mal : Nous péririons sans doute, mais nos maîtres aussi, et peu nous importe, puisque nous sommes destinés à toujours vivre dans l'esclavage et la misère. — Et le projet réussira, soyez-en sûr, parce qu'après tout il est légitime... Et rien, jusqu'ici, n'a pu s'y opposer.

XIII

SUITE

Mais si la ruine des sociétés ne provient que du principe d'inégalité sur lequel elles reposent, il est évident que leur durée peut être produite par le principe contraire, ou d'égalité : Pourquoi donc dès lors ne pas l'adopter? et qu'est-ce qui s'y oppose?

Ah ! c'est que, de même que la nuit, qui, plus elle dure, plus elle tend à devenir sombre, de même une société, plus elle est inégale, plus elle se développe en ce sens ; elle a la loi de la force, c'est-à-dire le crime pour origine : Le crime restera son seul mobile.

Il faut donc, pour que l'égalité s'établisse chez elle, que, comme la trombe gonflée de fléaux, elle crève et se détruise elle-même, pour renaître de ses ruines, avec une autre forme.

Ou plutôt il faut, car ce qui est mauvais est souvent vivace, que la raison humaine, levant son inflexible front, la fasse, devant sa sereine et inaltérable attitude, comme le misérable sous l'œil foudroyant du juge, pâlir et trembler, et, la convainquant de son iniquité, l'accable sous le poids de sa propre honte.

Et il faut que la liberté, après avoir miné sourdement le cachot où toujours ces sortes de sociétés la relèguent et l'ensevelissent, secouant ses liens, brisant ses chaînes, apparaisse comme un spectre haletant sortant des ténèbres, au milieu de ces sociétés glacées d'épouvante, et alors, levant sur elles, d'une main le glaive de ses vengeances, de l'autre son égide protectrice, leur crie enfin : Je frappe — ou reconnaissez-moi.

XIV

SUITE

Puisque c'est seulement dans la société générale que l'humanité doit trouver sa liberté, il va sans dire que cette société n'ayant jamais eu lieu, l'humanité n'a jamais été libre. Je dis plus : Par la société particulière, elle devient elle-même la propre cause de sa misère et, par suite, de son anéantissement. — Voyons comment.

Toute société suppose nécessairement une loi qui la régit (1).

Que cinq individus, par exemple (le chiffre n'y fait rien), venant on ne sait d'où, arrivent de différents côtés sur la terre, que nous supposerons, pour nous faire mieux entendre, d'une dimension en rapport avec leur nombre.

Que deviendront ces cinq hommes ?

D'abord ils vivront quelque temps sans se connaître, sans se voir même : c'est l'état de nature, et il n'y a pas encore de loi entre eux, bien entendu.

Mais bientôt deux, trois finiront par se rencontrer et, après quelques préliminaires inévitables, à former une société qui, quelle qu'elle soit, reposera sur un accord, une convention ou loi.

Voilà donc une société formée, et une société particulière (puisqu'il reste sur la terre deux hommes qui n'en font pas partie), qui, comme toute société, tend à s'agrandir, à attirer à elle tout ce qui l'entoure et, au besoin, à le conquérir.

Ces trois hommes donc rencontreront bientôt l'un des deux autres, ou tous les deux, et alors il arrivera, ou que leur société leur conviendra et qu'ils se réuniront à eux, ou qu'elle ne leur conviendra pas et, un jour ou l'autre, soit pour une *poule*, soit pour une parcelle de terre, ce sera la guerre, ou destruction de l'humanité.

Mais si la loi de société des trois premiers était l'égalité, quelles raisons auraient les deux autres pour ne pas l'adopter.

Si les premiers pouvaient leur dire : Voyons, assurons-nous du nombre d'hommes qui habitent la terre, et, si nous ne sommes que cinq, nous vous garantissons, dans la possession de cette terre, une part égale ; si, dis-je, ils pouvaient parler ainsi, je ne vois pas vraiment ce que les autres pour-

(1) Rousseau, *Contrat social*. « L'ordre social est fondé sur des conventions. »

raient objecter. Dès l'instant que vous faites d'un homme votre égal, que peut-il exiger de plus ? Rien, à moins d'être un imbécile ou un brigand.

Mais aussi il faut que les premiers soient, par leur propre principe, en droit d'émettre cette proposition, d'offrir, par leur exemple, aux autres le moyen de former une seule et même société et de vivre en paix. Car, sans cela (c'est-à-dire s'ils n'ont pour loi que celle de la force), comme en définitive trois sont plus forts que deux, ceux-ci seront *contraints* de faire partie d'une société qu'ils détestent et où, par conséquent, ils ne peuvent qu'être misérables, ou périr.

Je le répète donc : La société, à moins d'être assise sur l'égalité et de pouvoir ainsi devenir générale, amène la misère ou l'anéantissement de l'humanité, après l'avoir fait passer d'abord par l'esclavage.

Mais on nous dit : il est pourtant des sociétés particulières où règne la liberté, et on nous cite en exemple, quoi? l'Angleterre...

L'Angleterre, bon Dieu ! le lieu du monde où se rencontrent les plus criantes misères!... Ah! certes, si c'étaient là les légitimes conséquences de la liberté, il faudrait bien convenir que dans ce pays elle règne dans toute sa splendeur.

Mais peut-être veut-on dire que, là, la liberté, pour quelques-uns, est plus grande que partout ailleurs : Qui le nie? Personne. Mais alors il en est de ces *quelques-uns* comme du brochet dans un étang, qui vit dans toute sa liberté si tous les poissons lui servent de pâture.

Est-ce que par hasard vous admireriez ce genre de société, lecteurs ? — Pourquoi non, si vous étiez brochet.

Mais nous voulons, nous, et il faut, que dans l'étang tout poisson soit libre comme le brochet : Tant pis si celui-ci en a la panse moins ronde.

Car pour qu'une société soit dite libre, il va sans dire que tous ceux qui en font partie doivent l'être. Et ce résultat ne peut être atteint que de la manière suivante.

— Toute société, avons-nous dit, suppose une loi qui la régit.

Pour que les membres d'une société soient libres, il faut donc que cette loi soit l'expression de la volonté de tous, qu'ils l'aient tous consentie.

Il n'y a donc, et il ne peut y avoir, de membres libres dans une société, que ceux qui l'ont fondée d'abord, et ceux qui, par la suite,consentant à en faire partie,en ont reconnu la loi.

Au contraire, l'individu qui, par le fait de sa liberté à lui, voudrait faire partie d'une société sans en avoir reconnu la loi serait hors la loi, hors la société ; en un mot, par rapport à cette société, ne serait pas libre.

D'où l'on voit que la société est à la fois l'expression, l'affirmation, le gardien de la liberté, mais d'une liberté qui lui est propre, particulière, limitée enfin, et la négation par conséquent de la liberté générale.

Or, quelle est la société qui peut admettre et procurer la liberté générale ? La société générale seule ; celle dont le principe est l'égalité.

Puis donc qu'aucune société, européenne ou autre, ne repose sur ce principe, aucune ne peut donner la liberté à tous, ou, pour mieux dire, n'est libre et ne peut l'être ni le devenir...

On nous arrête à ce dernier mot et on nous dit : Si absolument, comme vous le prétendez, la liberté pour l'humanité ne vient qu'en suite de l'égalité, il ne s'ensuit pas pourtant qu'une société, tout en restant particulière, ne puisse devenir libre. Ainsi, prenons pour exemple l'Autriche : est-ce qu'elle ne pourrait pas rendre tous ses habitants également libres, sans vouloir que le reste de l'Europe se mêle à elle, c'est-à-dire sans vouloir devenir une société générale ?

— Sans doute. Mais alors l'humanité ne serait pas libre : il n'y en aurait qu'une partie, la partie comprise dans les limites de l'Autriche.— Direz-vous que les autres nations pourraient l'imiter ? — mais alors tout le monde, ou l'humanité, ferait la même chose, tout le monde serait égal, et par conséquent il n'y aurait plus de distinctions ; et dès lors pourquoi des limites ?...

XV

EXTRÊME POSITIVISME

Parmi les penseurs qui, jusqu'ici, ont cherché à établir, à fixer la loi de la société, les plus avancés, — si nous les avons bien compris, — nous ont semblé s'arrêter à ce principe, que la société générale doit résulter d'un égal partage de la fortune immobilière et *mobilière*.

Or, allant plus loin, nous disons, nous, que cette société n'est possible que par l'égalité de la possession immobilière seulement, et encore, sous cette dénomination, n'entendons-nous rien autre chose que la terre.

Nous disons possession et non fortune, parce que ce mot, fortune, éveille trop vivement une idée de richesse, d'éclat, de luxe, incompatible au plus haut point avec l'expression simple, tranquille, sereine, sous laquelle se conçoit l'égalité, Mais à cela près. Là n'est pas l'important en ce qui dérive du principe des auteurs en question.

L'important est dans ceci : qu'ils veulent que l'égalité soit la loi invariable, *fixe*, de la société, et que, sous le coup de cette loi, ils ont placé ce qui, de sa nature, est essentiellement variable et se refuse invinciblement à toute fixité : la fortune mobilière.

Et voilà ce que, pour notre compte, nous repoussons absolument : ne pouvant comprendre, en effet, que ce qui change si vite puisse être l'objet d'un principe fixe; et que, faire reposer la société sur un tel principe, serait le moyen par conséquent de lui assurer le moins de repos possible.

Aussi, en tant de l'opposition des termes que de la plus simple expérience, affirmons-nous impossible l'égalité (et par suite, la liberté et la société générale) si on veut compter le mobilier comme faisant partie de la fortune sociale.

Et, par contre, nous affirmons possible l'égalité, etc., si l'immobilier (la terre) compte comme formant à lui seul cette fortune.

Pour que la loi de la société soit fixe, il faut qu'elle déroule de ce qui est immuable.

Et si, à défaut de progrès dans la connaissance ou science de la terre, il n'était pas donné à l'humanité d'en pouvoir jamais assurer à chacun une part absolument égale sous tous les rapports, c'est-à-dire donnant, avec la même somme de travaux de culture, la même quantité de produits, nous l'affirmons encore, l'humanité ne sera jamais libre, et la société générale n'aura jamais lieu.

L'humanité resterait ce qu'elle est aujourd'hui : un nombre indéterminé de sociétés qui, reposant sur des lois différentes, finissent par se détruire, soit d'elles-mêmes, soit l'une par l'autre.

Mais cette fin, qui jusqu'ici se représente toujours la même et aussi triste, sera peut-être la cause que l'humanité, enfin lasse, adoptera le principe d'égalité ? Le bien, dans ce cas encore, n'arriverait-il donc que par l'obstination du mal?

Pourquoi non ?

Déjà nous voyons, en effet, des sociétés admettre le progrès, poser même en principe la perfectibilité de leurs lois : or, par ce fait, et soit qu'elles l'ignorent ou qu'elles le veuillent, elles votent ainsi le moyen qui peut le plutôt les conduire... à abandonner la place. Car l'effet du progrès... Mais d'abord, qu'est-ce que le progrès ?

Le progrès, c'est la raison humaine se développant au fur et à mesure que s'accroît le temps. Le progrès, c'est le signe éclatant de la valeur de l'homme, l'acte par lequel il se montre digne de faire partie de la société, car le progrès en nous est le noble désir d'être utile à nos semblables ; le progrès, c'est le souffle de la liberté animant, transformant, recréant l'humanité ; — et le progrès, la vie de la société générale, est la mort des sociétés particulières.

En effet, toute société n'existant qu'en vertu d'une loi, il est évident que vous ne pouvez opérer le moindre changement à cette loi sans atteindre en même temps la société ; détruisez cette loi, vous détruisez la société. Or, progrès, c'est, avons-nous dit, transformation : et transformer, c'est détruire. — Donner à une chose quelconque une forme nouvelle, c'est bien anéantir celle qu'elle avait auparavant. Sans doute le fond, la matière reste ; mais c'est par la forme qu'on lui donne que la matière change de nom, sans cesser d'être la même au fond. Faites d'un morceau de terre, par exemple, une tuile ou une brique, la matière (la terre) est toujours la même, mais néanmoins elle s'appelle tuile ou brique, ce qui n'est plus la même chose. D'une pièce de cinq francs en argent faites une cuillère, le métal reste le même, mais pourtant c'est une cuillère et non plus une pièce de cinq francs, qui alors est détruite.

Et si donc, même en vue du progrès, vous transformiez la loi sur laquelle repose une société, vous détruiriez cette loi et du même coup cette société.

Nous venons de voir comment, en déclarant sa loi perfectible, une société particulière agit directement contre elle-même.

Maintenant, qu'est-ce donc en elle-même qu'une loi sociale perfectible ? Rien, car une telle loi ne peut avoir aucune force. Vous ne pouvez l'appliquer avec sécurité ; la perfectibilité dont vous la déclarez susceptible lui enlevant son caractère de sûreté. Voyez-vous, en effet, une loi approuvant aujourd'hui comme bien ce que demain elle condamnera comme mal, c'est-à-dire, grâce à la perfectibilité, la loi annulant la loi ?

Une loi perfectible est une hydre : il y repoussera toujours autant de têtes qu'on en voudra couper.

Il ne doit y avoir que de bonnes lois, ou il ne doit point y en avoir du tout. S'il n'y a pas de loi, il n'y a pas de société. S'il y en a, la société existe ; et comme, selon notre principe premier, qui dit *société* dit *fait d'égalité produit par la raison*, la loi de ce fait est donc la raison s'affirmant elle-même. Et comme la *raison affirmée* ne peut être autre chose que le bien produit, *fixé*, il n'y a plus là de progrès ou perfectibilité possible. — Où le bien existe, le progrès s'arrête.

Une loi perfectible est donc une loi mauvaise, et qui dès

lors ne doit pas exister, ou du moins ne pas être appliquée.

Et la société régie par une telle loi est mauvaise aussi et doit bientôt périr.

Aussi, pour rassurer sur la solidité de leur œuvre, les fondateurs de sociétés ont-ils, de tout temps, proclamé leurs lois infaillibles. C'est même leur premier soin. Ils savent que la loi sur laquelle repose une société est comme les fondements d'un édifice : on n'y peut toucher sans l'ébranler.

Mais, comme il ne suffit pas de proclamer une loi infaillible pour qu'elle le soit, nous voyons de tout temps aussi, sous l'action secrète du progrès, qui de gré ou de force finit toujours par atteindre ce qui, en fait de lois sociales, est limité, particulier, nous voyons, dis-je, s'écrouler ces lois et les sociétés dont elles étaient l'appui.

Non-seulement le progrès, admis ou intervenant ainsi dans les choses morales, les lois, est le plus puissant moyen de destruction des sociétés particulières, mais encore, admis dans les choses matérielles, il fait que ces sociétés se détruisent l'une par l'autre.

Que la France, par exemple, réalisant un progrès quelconque dans son agriculture, fasse produire à son sol moitié plus de blé que l'Angleterre n'en peut tirer du sien, elle pourra par conséquent vendre son blé moitié meilleur marché, et les peuples qui en auront besoin viendront s'approvisionner chez nous. Qu'il en soit ainsi seulement pendant trois ans : l'agriculture anglaise, ne vendant rien, se ruine, tandis que nous nous enrichissons. Réciproquement il peut arriver que, à l'aide du progrès, ce soit l'Angleterre qui s'enrichisse et la France qui se ruine. En tout cas il y a toujours ruine pour l'une des deux.

Or maintenant : si au lieu d'être deux nations, deux sociétés distinctes, séparées, particulières enfin, la France et l'Angleterre ne formaient qu'une seule et même société, une société générale, il va sans dire que le progrès de l'une profiterait également à l'autre, serait général aussi.

Rendons cela par une comparaison. Que le soleil soit une

chose indispensable à la vie et que, par une loi ou même un caprice quelconque, il luise pendant trois ans en France et pas du tout en Angleterre, nécessairement l'Angleterre, privée pendant trois ans de ce qui est indispensable, souffre, languit et meurt. Et de même pour la France si le soleil luit en Angleterre.

Et si le soleil, en place d'éclairer alternativement ces deux nations, les éclairaient toutes deux à la fois, elles vivraient par conséquent toutes deux.

En vain me direz-vous que trois ans d'un soleil éclatant ramèneront la santé, la vie. — Vous n'en aurez pas moins souffert. Et, à mon avis, celui-là est un sot qui consent à souffrir avec le moyen de se conserver en bonne santé.

Qu'en pensez-vous ?... je ne sais. Mais moi, je m'approcherais du soleil le plus près possible, et, s'il se pouvait laisser conduire comme le Progrès, je ferais qu'il luise sur l'humanité en général.

— Le progrès est donc l'ennemi-né des sociétés particulières. Et il n'en peut être autrement. Aucune d'elles ne reposant sur la loi d'égalité, ni sur la raison par conséquent : le Progrès, qui, lui, est du fait de la raison, ne saurait se manifester chez elles sans agir directement contre la loi qui les régit, sans les saper précisément dans leur base.

Dans la société générale, au contraire, qui a pour base la Raison, les manifestations du Progrès ne sont et ne peuvent qu'être les conséquences naturelles, les développements légitimes, inévitables, de sa loi de fondation. Cette loi est elle-même le premier acte du progrès : le triomphe de la raison sur la force ; sur l'état sauvage de la primitive humanité. C'est donc du progrès qu'est née la société ; elle a pris racine en lui ; c'est en lui qu'elle puise sa sève, sa vie, sa force, sa durée. Il faudrait donc que le progrès lui manquât, à cette société générale, c'est-à-dire que la raison cessât d'être en elle, pour qu'elle cessât d'être...

XVI

DE L'ART

Nous comprenons, nous dit-on, que la société générale puisse se former comme vous le dites ; nous l'admettons même. Mais il est un point dont vous n'avez rien dit encore et qui pourtant nous semble devoir être éclairci. Jusqu'ici vous n'avez envisagé l'homme qu'au point de vue de la Raison, qui, selon vous, est et doit être tout chez lui. Mais que deviendra donc l'Imagination, qui, chez lui aussi, joue bien un certain rôle ?

L'Imagination, cela est vrai, tient tant de place dans les choses humaines, qu'il semble impossible de l'en écarter. Si elle n'avait jamais rien produit que d'inutile ou de mauvais, on pourrait espérer qu'avec le temps la raison parvînt à s'en rendre maître. Mais il n'en est point ainsi. L'expérience, au contraire, nous conduit à affirmer qu'elle a des droits acquis à notre reconnaissance.

Qu'est-ce, en effet, que l'Imagination ? c'est l'art.

— Et qu'est-ce alors que l'art ?

L'art, c'est l'*objet*, jusqu'alors vague et indéterminé, d'un concept, réalisé d'abord intérieurement dans le moi, et ensuite, reproduit au dehors par la faculté qu'a ce moi de lui donner une forme quelconque.

Ainsi, par exemple, l'homme s'aperçoit que pour cultiver la terre ses bras seuls sont impuissants : il songe, il cherche et finit par *concevoir* en *soi* la bêche (l'objet), et ensuite à la reproduire extérieurement sous la forme que nous lui voyons. — Tel est l'art.

On peut donc dire que, par rapport à l'humanité, l'art est tout dans la forme ou reproduction extérieure, car, sans cela, qu'eût servi le concept pur ou même la réalisation interne de la bêche ? évidemment de rien.

Et ces premières œuvres de l'art, la bêche, la charrue, etc., conçues et exécutées à propos du premier besoin de l'homme, sa nourriture, nous montrent encore que l'agriculture fut, sinon la source de l'art, du moins la cause, l'occasion de sa première manifestation dans l'humanité.

Et comme l'art s'agrandit avec le temps ; c'est-à-dire que, après la *bêche*, l'homme invente la *charrue*, etc. : nous sommes conduits à dire que le progrès est aussi dans le développement de l'art, ou de l'imagination, ce qui semblerait infirmer ce que nous avons dit précédemment, que le progrès était dans le développement de la raison. Mais il faut s'entendre.

La bêche, la charrue, etc., sont œuvres d'art, c'est incontestable : mais qu'est-ce qui rend possible l'emploi de ces œuvres et en détermine l'usage ? Ce n'est pas tout que d'avoir trouvé la forme de ces objets ; il faut de plus savoir quel bois, quel métal, sont propres à les fabriquer ; et enfin, la manière de se servir le plus utilement de ces objets. Or tout cela est l'œuvre de la pratique, de l'expérience, c'est-à-dire de la raison.

En définitive donc, c'est la raison qui contrôle les œuvres de l'art, qui en précise et fixe l'usage. Et par conséquent le progrès c'est, comme nous l'avions avancé, le développement de la raison.

Seulement, il faut bien le reconnaître et ne pas l'oublier : De même que, sans la raison, l'art ne serait rien puisqu'il ne pourrait donner ni solidité ni durée à ses œuvres ; de même, sans l'art, la raison ne serait rien, puisqu'elle n'aurait rien sur quoi s'exercer.

L'art, puisqu'il crée l'objet et sa forme, devance la raison, mais ne peut marcher sans elle. Et pour que l'humanité progresse, il faut que tous deux aillent du même pas.

Malheureusement il n'en est point ainsi. Et jusqu'ici l'art a toujours tellement devancé son guide, qu'il a fini par se perdre, et avec lui les peuples qui l'avaient pris pour idole.

XVII

DU COMMERCE

Il est vrai de dire pourtant qu'il ne fut pas la seule cause de cette perdition. Une autre, non moins active, fut ce qu'on nomme commerce, ou trafic.

Qu'est-ce, en effet, que le commerce ? En quoi consiste-t-il ?

Le commerce, à le considérer sous son aspect le plus général, consiste en ceci seulement : acheter à Pierre un objet au-dessous de sa valeur, pour le revendre à Paul au-dessus. D'où il suit rigoureusement que le commerce est la consommation d'opérations illégales, et qu'il ne peut être que cela.

Car il est évident que si le commerçant ne trouvait à acheter que des objets à leur valeur et à les revendre de même; en un mot, s'il était forcé de ne faire ainsi que des opérations légales, comme il n'y aurait pas de profit, il ne les ferait pas.

Le commerce est donc la continuation, sous une forme moins tranchée, mais présentant le même esprit, du droit de la force.

Et puisque la société générale est basée sur le droit contraire, c'est-à-dire repousse l'illégalité sous quelque forme qu'elle apparaisse, le commerce cessera donc absolument d'exister. L'illégalité et l'inégalité, en fait de trafic ou commerce, sont de la même famille : celle-ci est peut-être la mère de celle-là.

En effet, là où l'égalité est chez les personnes, il est indubitable qu'il soit dans les choses, puisque, comme nous l'avons vu, c'est du partage égal d'une chose que naît la société ; et si l'égalité est dans les choses, elle est dans les intérêts ; et si alors l'intérêt de *Pierre* est égal à celui de *Paul*, il n'y a pas place pour un troisième intérêt, qui est celui du commerce.

XVIII

OBJECTION ET RÉPONSE

Mais, dira-t-on, pour que dans toute transaction l'intérêt des parties soit égal, c'est-à-dire pour qu'il n'y ait perte ni pour l'acheteur ni pour le vendeur, il faudrait nécessairement que la valeur des objets soit fixée ; et comment fixer par exemple la valeur d'un cheval, d'un terrain, d'un bâtiment, d'une étoffe, etc., etc. Tel objet qui pour vous vaut

100 fr., pour moi en vaut 200 : voudrez-vous m'empêcher de le vendre 200 fr. si je trouve un acheteur, ou de l'acheter si je trouve un vendeur. Où serait votre droit. Le marché que je fais ne vous intéresse nullement. Bon ou mauvais, vous n'avez pas à vous en occuper, pas plus que je n'ai à m'occuper des vôtres. Je suis libre, comme chacun, d'acheter, vendre ou échanger au prix qu'il me convient.

Tout cela est fort bien dit. Mais voyons.

1° Vous mettez en vente tel ou tel objet ; vous savez qu'il ne vaut rien et néanmoins vous parvenez à le vendre à un imbécile aussi cher que s'il était bon. Ah ! voilà un joli coup de commerce. Et sans doute vous voudriez le recommencer souvent.

Cependant, est-ce une opération légale que vous avez faite là. Mettez-vous à la place de l'homme que vous avez trompé. N'a-t-il pas le droit de dire que vous êtes un coquin.

2° Fénelon, à propos du commerce, dit que le mensonge est permis quand il ne nuit à personne. — Je voudrais bien qu'on me cite un seul mensonge commercial qui ne nuise à personne. Car enfin, quand un commerçant ment, c'est pour donner à sa marchandise des qualités qu'elle n'a pas, afin de la vendre plus cher ; ou pour ôter à celle d'autrui des qualités qu'elle a, afin de l'acheter meilleur marché : dans tous les cas, il travaille à la perte d'autrui. Est-ce juste ? — Fénelon, tout évêque qu'il était, n'était ni plus ni moins qu'un maquignon.

3° Si tous les hommes vivaient en une seule et même société, la société aurait ainsi envers eux le même droit qu'un père de famille sur ses enfants. Celui-ci doit en effet veiller à ce que tout ce qui se vend et s'échange entre eux le soit à la plus juste valeur : car c'est de l'accord des intérêts que naît l'accord dans la famille. Et il va sans dire que pour que les intérêts soient d'acord, il faut qu'ils soient égaux, d'un côté comme de l'autre. Il n'est ni juste ni bon qu'un membre d'une famille s'enrichisse de la ruine de l'autre, parce qu'alors le ruiné devient une plaie pour la famille elle-même.

Et ainsi donc si la société ne formait plus qu'une seule et même famille, le même désordre s'y produirait si les intérêts de chacun n'y étaient pas également garantis. — C'est toujours le principe de 89, qui, délimité qu'il est à chaque groupe particulier, s'étendrait à tous les hommes s'ils formaient une société générale.

La société donc, intervenant dans toute transaction, y jouerait le rôle d'un chef de famille qui règle tout sur son *expertise :* elle serait de même *experte* entre chacun de ses membres.

Et c'est par là seulement qu'il est possible de fixer la valeur et de la faire accepter comme telle : puisque dans tous les cas c'est la Société qui fait la loi.

XIX

D'OU VIENT LE COMMERCE

Le peu que nous avons dit du commerce suffit donc à démontrer que son principe c'est :

1° Le besoin, l'ignorance et l'impuissance chez le consommateur ;

— Le besoin, parce que si je n'avais besoin de rien, il va sans dire que je n'irais pas chez le marchand ou le commerçant ;

— L'ignorance, parce que si je savais que ce que vous voulez vendre 400 fr. n'en vaut que moitié, je ne vous l'achèterais pas ;

— L'impuissance, parce que si je pouvais produire l'objet qui me manque, je n'irais pas vous l'acheter ;

2° La non-fixation de la valeur, puisque, si elle était fixée, le commerçant ne pouvant acheter à *Paul* au-dessous pour revendre à *Pierre* au-dessus, c'est-à-dire ne trouvant plus de profit, plus *d'agio,* cesserait son trafic.

A tous les points de vue, donc, le commerce est un signe de déchéance individuelle ou sociale. Le seul rôle utile qu'il soit appelé à jouer, c'est de tirer le trop-plein d'un lieu pour parer à la disette d'un autre. Et encore n'y a-t-il pas besoin du commerce pour cela : la société pouvant très-bien avoir à sa solde des agents qui rempliraient le même but, et dont le traitement à coup sûr ne reviendrait pas si cher que la différence du prix de revient au prix de vente que se fait payer le négociant.

XX

SUITE. SON IMPUISSANCE

Quand donc on vient dire : pas de commerce, pas de richesse, on avance là une absurdité. Et il faut dire au contraire : pas de richesse, pas de commerce. Cela est facile à prouver. Si le cultivateur, le vigneron, par exemple, ne produisaient de blé et de vin que ce qu'ils en consomment, comme alors ils n'en auraient point à vendre, le commerce de blé et de vin serait donc impossible. Et de même pour les autres objets. Ce n'est donc que quand le producteur produit plus qu'il ne lui faut, quand il a de trop, *quand il est riche enfin*, que le commerce devient possible. C'est donc de la richesse que vient le commerce. Et comme ce sont les producteurs seuls qui la créent, ce sont eux qui donnent naissance au commerce.

Le commerce donc, dans la société, ne vient qu'en seconde ligne. Par lui même impuissant à rien *créer*, il est simplement interposé entre le producteur et le consommateur, et ne subsiste qu'aux dépens de l'un et de l'autre et parce qu'ils veulent bien s'en servir. Car si le producteur et le consommateur traitaient directement, il va sans dire qu'un tiers serait hors de mise.

Mais c'est là qu'apparaît la difficulté. On dit, par exemple : j'ai besoin de café et la France n'en produit point, faut-il donc que j'en fasse revenir de l'Inde chaque fois que j'en aurai besoin? Non. Je vais donc chez le commerçant qui s'est chargé de cette affaire. — Voyons, examinons. Avant que vous ne sachiez que le café existe, en aviez-vous besoin? Non, assurément; car les besoins ne naissent qu'à la vue des objets propres à les satisfaire, ou, du moins, c'est par là qu'ils se déterminent. Votre besoin est donc tout simplement un besoin factice, une *idée* qu'a su faire naître en vous le premier commerçant qui est allé chercher le café et vous en a donné connaissance. Mais on ajoute que, en allant débarrasser l'Indien de son café, le commerçant lui laisse en échange du vin ou de l'argent qui lui rend l'existence plus facile. C'est encore le même raisonnement : avant que l'Indien ne connût l'argent, ne vivait-il pas aussi bien ? et en ressentait-il le besoin ? — Le plus clair de tout ceci, c'est que le commerçant a donné à l'Indien peu d'argent pour beaucoup de café, et à vous peu de café pour beaucoup d'argent. Et, quant à vous, tout votre profit est d'être chargé d'un besoin et d'une dépense de plus.

Voilà un beau résultat ! Et voilà l'utilité du commerce.

Non : en tous lieux du monde où la nature a mis l'homme, elle a mis le nécessaire. Si donc le domaine de l'homme, ou de chaque peuple, ou si chaque continent avait été entouré, je suppose, d'une muraille infranchissable, est-ce que l'homme en eût moins vécu ? Et avant que, de peuple à peuple, il y eût aucun moyen de communication, est-ce qu'on n'atteignait pas à une existence aussi longue. A quoi donc a servi le commerce ?

Mais l'homme est si... si simple, que ce qui est nécessaire et commun à un bout de la terre devient de luxe à l'autre bout. — Le Français, par exemple, dédaigne son vin du cru, et il savoure le café et le tabac, les deux premières saletés du monde. (Cette fois je n'ai pu retenir le mot.) — L'Américain était habitué à l'eau pure, il en conservait le corps et l'esprit sain et, par conséquent, sa liberté : il s'adonne aujourd'hui aux vins frelatés du commerce et à l'eau-de-vie de betteraves. *Il fait du luxe...* et s'abrutit. — L'homme du Nord avait ses fourrures. Nécessaires chez lui, de luxe en France. Mais, comme l'Américain, il est sensible à notre trois-six. Bien, dit le Parisien, on vous en donnera. Qu'arrive-t-il ? L'autre chasse à outrance et détruit jusqu'à la dernière zibeline ; si bien qu'il n'a plus que le trois-six pour réchauffant. Mais, plus de fourrures, plus de trois-six. Et, l'hiver venu, voilà mes gens en bel état.

Rentrons en France. On y consomme du sucre et de l'eau-de-vie de betteraves ; le sucre valant juste autant que l'eau-de-vie. Donc, on sème et on plante des betteraves, il faut voir ! Qu'arrivera-t-il dans quinze ou vingt ans? Que la France aura ruiné son sol et les Français leur santé. Mais une centaine d'industriels en seront devenus millionnaires. Amen !

Par toutes ces raisons donc, je reviens à ce que j'ai dit précédemment : que le commerce ne crée aucune richesse, si ce n'est la sienne ; et qu'ainsi, dans la société, il doit être rejeté et maintenu au second plan. Il est fait pour servir, non pour commander. Il doit recevoir la loi de la société, non la lui faire. Car l'histoire et l'observation prouvent que, s'il en est autrement, la société, ou l'Etat, est en péril. Et cela se comprend. Pour que le commerce fasse la loi, il faut que ceux qui s'y livrent soient les plus nombreux ; de plus, le commerce se faisant en vue de la consommation, si son personnel augmente, c'est que la consommation, ou le nombre des consommateurs, augmente également : et si ces deux classes augmentent dans la société ou dans l'Etat, c'est que le nombre des producteurs diminue (1). Et comme, ainsi que nous l'avons vu, ce sont les producteurs qui créent seuls la richesse, s'ils diminuent, la richesse diminue, et au bout d'un temps plus ou moins long, par conséquent, l'Etat se ruine.

XXI

SUITE. SES AGISSEMENTS

Mais, une autre cause qui fait que le commerce ne doit pas dominer, c'est que, comme le prêtre, il n'a pas de patrie. Son drapeau, c'est celui du peuple le plus facile à exploiter. Son honneur, c'est l'argent. Et, pour acquérir cet honneur-là, il vendrait son propre pays. — Il ne tient à rien qu'à la fortune, et la preuve c'est que, une guerre s'annonce-t-elle, le commerce s'arrête court ; il liquide sa position, et, son argent dans sa poche, il s'en va. Nous l'avons vu dans la dernière guerre d'Amérique et dans nos guerres conti-

(1) Cela se voit particulièrement aujourd'hui, qu'on abandonne la terre pour l'industrie et le commerce. Aussi voyez comme les Etats s'endettent.

nentales. Une foule de commerçants, de gens d'affaires, banquiers, etc., quittaient leur pays, alors qu'il eût fallu y rester pour le défendre ; et, la guerre finie, y sont revenus, les braves gens !

Le commerce, donc, par caractère et par état, n'a rien de fixe et n'offre aucune garantie certaine. Est-ce que ce n'est pas lui qui chaque jour donne l'exemple de la faillite ? Et n'est-ce pas là, comme chacun sait, son plus grand moyen de s'enrichir. Et puis, il prétendrait donner la loi à la société ! Eh ! mais, il doit s'estimer bien heureux que la société ne la lui applique pas, à lui, la loi.

Il suit de là que quand le commerce et tout ce qui s'ensuit, gens d'affaires en général, se développe outre mesure, on a dans un Etat le règne de ces êtres dont l'esprit atteint aux quatre coins d'une étude ou d'un magasin : le règne, en un mot des médiocrités.

XXII

SUITE

C'est dans l'agriculture que les natures se retrempent.

. . . .
Qui nous rendra, dit cet homme héroïque,
Aux bords du Rhin, à Jemmapes, à Fleurus,
Ces paysans, fils de la République,
A la frontière à sa voix accourus ?
Pieds nus, sans pain, sourds aux lâches alarmes,
Tous à la mort allaient du même pas... (1)

Ils allaient à la mort, oui, pendant que *les autres* allaient à l'étranger.

XXIII

SUITE. SON EFFET

Le commerce, c'est la spoliation des peuples , et c'est encore la guerre entr'eux.

Quel est l'intérêt d'un commerçant ? (Bien entendu qu'il ne

(1) Béranger : *le vieux Sergent.*

s'agit point ici de morale : dans le commerce, cela passe aux non-valeurs). L'intérêt d'un commerçant, donc, c'est de ruiner ses confrères, afin de s'ôter toute concurrence. Il en est de même pour un peuple : ruiner les autres peuples, afin d'avoir la haute main sur le marché universel, voilà le but. Il y a ici ce suprême avantage qu'un peuple ruiné subit facilement la domesticité et livre au dominateur son travail, ou les produits de son travail, à vil prix, celui-ci le fixant lui-même. C'est le système anglais dans l'Inde, système imité des Romains dans les pays qu'ils avaient conquis. Ce fut aussi celui des Espagnols au Nouveau Monde, quand les Américains eurent vu que leurs flèches ne pouvaient repousser les successeurs de Colomb, armés de mousquetons. — C'était, naguère encore, et aux mêmes lieux, celui des colons sur les peuplades noires. Ce système, en un mot, est celui des vainqueurs contre les vaincus, ou, au moindre degré, des coquins contre les imbéciles.

Mais voyez pourtant où il conduit. Il arrive que les uns, à force d'être exploités, se révoltent contre les exploiteurs et prennent leur place.

Aujourd'hui l'un, demain l'autre, voilà la loi.

Eh bien ! où est le bénéfice ? Ne serait-il pas préférable que les peuples vécussent égaux et en frères ?... *Qu'il n'y eut plus ni traités ni transactions à violer ?... Qu'en un mot, le commerce, et la guerre qui en est la suite, disparussent pour toujours....*

Mais, c'est bien là surtout ce qui s'appelle prêcher dans le désert.

Le commerce est éternel : 1° parce que nos besoins sont tellement surexcités qu'il faut que, jusqu'à sa dernière goutte de séve, tout le globe contribue à les assouvir ; 2° et qu'il est aussi difficile, aussi impossible d'arrêter la société sur la pente où elle se précipite, que d'arrêter le navire poussé vers l'écueil où il se brise ; 3° enfin, il est éternel, parce qu'il est le produit de cette loi éternelle et fatale qui, dans le même temps, fait ici l'abondance et là la disette.

Aussi, raisonnons-nous ici moins au point de vue de ce qui est que de ce qui devrait être.

Mais, dit-on, si le commerce disparaît, quel sera l'emploi de l'argent, qui est le signe spécial de ses actes?

Avant de répondre, voyons d'abord ce qu'est l'argent.

XXIV

D'OU L'ARGENT TIRE SA VALEUR

Si, comme nous croyons l'avoir prouvé, ce principe est désormais acquis, que, sans la profession agricole, toutes les autres ne sont rien, n'existent pas, tandis que, dans un cas forcé, cette profession peut exister sans elles; si, disons-nous, ce principe est certain (et personne ne saurait le nier), il en résulte forcément que ce sont les objets de première nécessité (qui naturellement naissent de cette profession) qui donnent de la valeur aux autres.

Par exemple si le blé, dont l'homme se nourrit, n'existait pas, il est bien évident que l'argent, dont l'homme ne peut se nourrir, n'aurait aucune valeur. Vous auriez beau en avoir plein vos coffres, vous n'en mourriez pas moins de faim; tandis que moi, qui n'aurais pas le sou, mais qui aurais du blé, je vivrais.

Donc c'est le blé, objet de première nécessité, qui donne à l'argent sa valeur, en ce sens qu'il *consent* à s'échanger contre lui.

L'argent donc n'a qu'une valeur secondaire. De plus, signe du commerce, qui dérive de l'inégalité, il devrait disparaître avec lui. Et je ne m'étonne pas que, de tout temps, on ait désiré ou prononcé sa déchéance..... Eh! bien non, l'argent ne disparaîtra pas. Signe d'inégalité et d'illégalité, il aura son cours à l'ombre de l'égalité même; — mais un cours restreint.

Avant de le déterminer, disons d'abord que dans la société générale il y aura un dépôt général des monnaies, et que toute monnaie non marquée au signe particulier à ce dépôt sera interdite : par contre, celle revêtue de ce signe aura le cours suivant.

S'il est un usage aujourd'hui fort répandu, c'est celui qui consiste à faire de beaux discours sur l'agriculture. C'est le diapason sur lequel toutes les voix s'unissent. C'est un éternel concert de louanges où surtout les *creux les plus ronflants* ne manquent pas d'entonner ce solo : O mamelle de l'Etat! et le reste.

Au point de vue de l'harmonie, cette mamelle, en adoucissant la voix, peut être d'un grand secours; et il faudrait avoir le ton bien aigri pour n'en pas convenir. Mais, ce que nous ne pouvons admettre, c'est qu'on s'abreuve à cette mamelle, qu'on l'épuise, sans seulement s'inquiéter, sans s'instruire de ce qui la rend féconde ou l'alimente.

Et à ceux donc qui, tout en poétisant l'agriculture, prononcent la déchéance complète de l'argent, nous posons le cas suivant, avec prière de vouloir bien le résoudre.

— Pour cultiver la terre, il faut des chevaux, bien entendu.

Or, Jacques—qui, comme membre de la société générale, a sa part de terre à cultiver — par accident perd subitement ses chevaux. Je demande donc avec quoi, à l'aide de quoi il les remplacera.

Vous allez me répondre : Avec son blé, son vin, etc., qu'il échangera contre d'autres chevaux. — Très-bien. Mais Jacques n'a de blé et de vin que juste ce qu'il lui faut pour vivre: s'il s'en défait, il ne peut donc plus vivre ; et si, pour vivre, il garde son blé et son vin, il n'aura pas de chevaux, et sa terre, n'étant pas cultivée, l'année prochaine ne rendra rien..... et le voilà dans la misère.

Et c'est là un de ces cas qui, en agriculture, se présentent à chaque instant. Car, si ce ne sont des chevaux que frappe une épidémie quelconque, ce sont des bestiaux. Puis c'est la grêle, l'incendie, etc. Tous accidents enfin qu'il faut réparer. Et comment?

Par l'assurance. — Mais qu'est-ce qui représente l'assurance si l'argent n'existe pas? Des produits, sans doute.

Mais des produits sont essentiellement sujets à la destruction. Pauvre assurance, qui reposerait sur une base aussi peu solide! Ce serait assurer contre l'incendie avec des allumettes chimiques. Et quand même encore, est-il sûr que la part proportionnelle en produits, qui par l'assurance reviendrait à Jacques, lui suffirait pour avoir des chevaux? — Il y a donc là un vice radical qu'il faut combler.

Jacques a donc perdu ses chevaux, et il n'a ni blé, ni vin, ni aucun produit, enfin, pour en ravoir d'autres; ni argent non plus — dont vous voulez l'absence complète dans la société — et dont nous voulons, nous, pour les cas comme celui où nous en sommes, la centralisation et la conservation dans un dépôt général. — Eh bien, dans cette extrémité où Jacques se trouve réduit, c'est à ce dépôt, ou à une succursale qui le représente, qu'il devra se rendre, et là il obtiendra, après pleine confirmation de son accident, une somme d'argent qu'il donnera à *Philippe* en échange de chevaux que celui-ci a de trop. Et cette somme sera inscrite au livre du dépôt sous le nom de Philippe, qui sera aussi présent; car cet échange aura eu lieu à découvert et sous le contrôle d'agents préposés à cet effet.

Cette somme rentrera au dépôt de la manière suivante:

L'année prochaine, Philippe voit ses blés détruits par la grêle; Jacques, au contraire, a fait une récolte au-dessus de sa consommation. Philippe s'approvisionne donc chez lui pour la somme qu'il en a recue, et, accompagné de Jacques, il remet cette somme au dépôt. (L'accident de Philippe aura aussi été constaté et ce dernier échange contrôlé comme le premier.)

Le dépôt ne recevra jamais aucun intérêt. Les agents seront, comme nous le verrons tout-à-l'heure, à la charge de la société.

— Tel sera le cours de l'argent dans la société générale. C'est à ce rôle que sera réduite son utilité. Sans doute ce rôle, dans la pratique, sera sujet à quelque augmentation ou diminution. Mais le fond, l'idée principale sera toujours celle que nous avons émise.

XXV

D'OU VIENT L'IDÉE DE CE LIVRE

Nous venons de dire, à propos de la monnaie, qu'il y aurait dans la société des agents à sa charge. Cela veut dire que cette société, composée d'agriculteurs seulement, ne fonctionnerait qu'irrégulièrement, et qu'il faut, par conséquent, que d'autres professions — que nous déterminerons dans la suite — lui viennent en aide.

Cela veut dire encore que, l'homme ne possédant pas les moyens de se suffire à lui-même dans tous les cas, la liberté complète (nous l'avons observé au chapitre Ier) est impossible. — C'est triste à dire, mais cela est.

Puisque notre liberté est en raison directe de nos moyens, et que ces moyens ne sont les mêmes dans aucun de nous, il y a donc, dans l'humanité, autant de degrés différents de liberté qu'il y a d'hommes.

Et, de degré en degré, l'homme qui se suffit le plus est le plus libre.

J'ai, je crois, rencontré cet homme en ma vie.

Oui, je crois avoir vu l'homme le plus complétement (le moins incomplétement, si l'on veut) libre.

Et, s'il faut le dire, c'est en lui, dans son état, dans sa manière d'être, que j'ai trouvé le principe sur lequel je m'appuie dans cet écrit.

— Il y a vingt ans de cela ; j'avais pour voisin un brave homme, travailleur, soignant ses affaires, point méchant : parfois un peu taquin. — Qui n'a pas ses défauts?

Bref, lui, sa femme et ses trois enfants, formaient une honnête famille.

Cet homme possédait quinze hectares de terres de qualité ordinaire au pays. (Cette qualité n'est pas supérieure.)

Comme tous les cultivateurs de l'endroit, il exploitait lui-même sa terre. C'est-à-dire qu'il labourait, semait, moissonnait, battait ses récoltes ; façonnait ses vignes — et, pour tant de travaux, buvait son petit coup. C'était bien permis.

De son côté, sa femme faisait le ménage, cuisait son pain, soignait les vaches, les brebis, les cochons, la volaille, et, parfois — l'esprit est prompt — d'un coup de sabot cassait la tête à un poulet. — La liberté a des écarts excusables.

Elle filait encore le chanvre pour le linge, la laine pour les vêtements. Les enfants, aussi, se mettaient à l'œuvre...

Eh bien! que manquait-il à cet homme ?— Rien d'essentiel à la liberté.

Ses quinze hectares produisaient au delà de sa consommation.

Il faisait, comme on dit, toute sa besogne lui-même, ou, ce qui revient au même, avec les siens. Il n'avait donc *besoin* de personne, ne *dépendait* de personne : en un mot, il se suffisait et était libre.

Comparez-moi donc un Crésus même, qui a *besoin :* du marchand qui lui vend du blé plus ou moins bon, du boulanger qui cuit mal son pain, du cuisinier qui brûle son rôti, du crémier qui met de l'eau dans son lait, du marchand de vin qui fait comme le crémier, etc., etc.

Sans compter que, s'il a de la terre, ses domestiques ou ses fermiers la cultivent mal, la ruinent, en attendant qu'ils le ruinent lui-même. Fi donc!

— Ce n'est pas tout. Mon homme à moi, fort, robuste, à peine rentré, le soir, du travail des champs, forgeait, façonnait, perfectionnait les instruments propres à ce travail, charrues, harnais, etc.

Je vous l'ai dit: c'était un type (1).

Cet homme, je le répète, résumait en lui le principe général de la liberté humaine : — se suffire à soi-même sans l'aide d'autrui.

Car, à l'exception d'accidents comme ceux dont nous avons parlé au précédent chapitre, et de maladies auxquelles l'homme est sujet; à l'exception, dis-je, de ce qui ne rentre pas dans le train ordinaire de la vie, il atteignait à ce suprême degré.

(1) Et qu'on ne crie pas que je flatte mon modèle. Ce que je dis pourrait être prouvé au besoin.

Mais comme cet homme, qui possédait tant de moyens et capacités indispensables et utiles, n'en eût pas moins, en ce qui fait l'objet de ces exceptions, manqué aussi des moyens nécessaires, il lui aurait donc fallu, le cas échéant, s'adresser à autrui pour se les procurer.

C'est à dire que le principe général de la liberté ne peut être réalisé que par le concours des moyens et capacités de chacun, en un mot, par la société générale.

Et comme cette société, ou l'humanité, ne vit, n'existe que par la terre, c'est donc à cette base que tous moyens doivent ou viennent forcément se rattacher, avec elle qu'ils sont ou doivent être en rapport.

Quels sont ces moyens ou capacités, ou plutôt quelles sont les professions qui les expriment.

Ce sont : 1° celles d'agriculteur; 2° de vigneron.

Viennent ensuite, et dans l'ordre suivant:

Celles de forgeron, charron, mécanicien, meunier, boulanger, tonnelier, maçon, charpentier, menuisier, tisserand, filateur, fabricant de vêtements, tailleur;

Agents du dépôt général des monnaies;

Agents de la police ; représentants de la loi.

Viennent alors la médecine et l'art vétérinaire.

Puis, les professions se rattachant aux voies et moyens de communication, tels que routes, chemins de fer, marine marchande.

Puis, l'imprimerie, la librairie, le journalisme, mais seulement comme moyens de propagation des sciences en rapport avec les professions ci-dessus désignées.

— Dans cet ordre qui est bien le seul où chaque profession soit placée selon son rang naturel, c'est-à-dire dans celui où l'analyse du développement positif de l'humanité nous la fait découvrir ; dans cet ordre, disons-nous, la profession agricole comprend la forme sociale, le *tronc* où viennent, non pas s'enter les autres professions, mais, au contraire, d'où elles partent et poussent, si je puis dire, comme des branches et des rameaux.

C'est donc ce tronc, puisqu'il les produit, qui doit les alimenter, leur fournir la séve nécessaire à leur existence ; en d'autres termes, ces professions sont à la charge de la société et en dépendent, puisque, si le tronc ne donnait pas de séve, elles périraient.

Mais l'arbre ne vit pas seulement par la séve, mais aussi par l'air. Et ces branches, ces rameaux, qui tout à l'heure l'épuisaient, c'est par eux maintenant qu'il reçoit cet air et l'aspire (1).

En un mot, chaque partie du tronc et des rameaux se reliant l'une à l'autre, étant essentielle l'une à l'autre, et se prêtant entre elles à une réciprocité de secours d'où dépend et résulte la vie : l'arbre est parfaitement constitué.

La société est.

XXVI

RÉSUMÉ

Puisque la société *est*, avec les seules professions que nous venons de dire, toute autre, donc, qui voudrait s'y adjoindre serait inutile, nuisible, à moins que la société, réalisant un excédant dans son avoir, ne l'appelle à y participer ; ce qu'elle doit bien se garder de faire tant que cet excédant n'a pas lieu.

La société est une famille générale, qui doit se gouverner absolument comme les particulières.

(1) Il devient donc évident que les professions que nous avons vues comme se rattachant forcément à la masse sociale doivent vivre de sa vie commune, ni moins ni plus ; comme il est évident encore que, puisqu'elles sont à la charge de la société, leurs services envers elle doivent être gratis.

Que votre famille, je suppose, lecteur, ne puisse produire et réaliser que juste son nécessaire, il est bien évident qu'elle ne pourrait recevoir un ou plusieurs étrangers sans s'en ressentir immédiatement, et, si cette surcharge se prolongeait, sans tomber dans la misère.

Or, il n'en peut être autrement dans la société.

Tant qu'elle n'a pas produit au delà du nécessaire, toute profession étrangère à celles que nous avons vues, qu'elle laisse se former et se développer, amène au même instant, et en raison de ce développement, la gêne, la privation, la misère.

Cela est plus clair que le jour.

On peut donc dire que, puisque la terre, qui jusqu'ici est loin d'être cultivée entièrement, peut suffire par conséquent au delà de la consommation, s'il y a misère dans l'humanité, c'est qu'il y a des professions inutiles.

Voilà, en deux mots, toute la vérité sur la cause de la misère ; il n'y en a pas d'autre.

Maintenant, qu'est-ce donc en elle-même que la misère ?

C'est la privation, l'absence, la non-possession, en un mot, des moyens de satisfaire nos besoins, notre volonté, nos désirs.

Et comme ces trois termes, qui se retrouvent dans le même sujet, ont entre eux une liaison intime et se résument (voir chap. VI) en une seule et même expression : la négation de la liberté, il suit que la misère est de même cette négation.

Donc, détruire la misère, ce serait produire la liberté.

La cause de la misère étant connue, l'anéantir, c'est en même temps créer la cause contraire.

Or, y a-t-il misère dans l'humanité ?

Oui. — Il suffit de jeter les yeux autour de soi pour s'en convaincre.

Et les hommes, dès qu'ils sont réunis en société, ont-ils tous le droit d'être libres ? Oui, puisque la société résulte entre eux d'une égalité de possession libre (chap. III et IV).

Or, résumons-nous :

Tous les hommes ont le droit d'être libres, et la terre est plus que suffisante ;

La misère existe, et nous en savons la cause ;

C'est-à-dire :

La liberté doit être, et elle est possible ;

La misère existe, et nous savons le moyen de la rendre impossible.

En présence de ceci, la question, pour l'humanité, se réduit à savoir si elle veut rester misérable ou devenir libre.

Qu'elle réfléchisse.

A défaut d'autre liberté, nous lui laissons du moins celle de mûrir, une fois pour toutes, sa décision.

DEUXIÈME PARTIE

RÉTROGRADATION POSITIVISTE

AMENÉE PAR LA NATURE RÉPULSIVE DU GLOBE

Je dis ceci : le problème social sera toujours un problème. C'est précisément quand nous croyons en avoir trouvé la solution qu'elle nous échappe.

En autres termes : *La société est impossible sans l'égalité, et l'égalité est impossible.*

I

PREUVES

La société, pour être durable, veut l'égalité des citoyens qui la composent ;

L'égalité des citoyens, pour être parfaite, veut l'égalité des fortunes ;

L'égalité des fortunes est-elle possible ? Non.

Car, pour être possible, il faudrait deux choses :

1° L'égalité de valeur de la terre ;

2° L'égalité de travail chez les individus (1).

(1) Rousseau cite aussi l'inégalité de travail comme une des causes de l'inégalité sociale ; ici il a vu juste.

L'égalité de valeur dans la terre, parce que, toute fortune venant de la terre, naturellement, pour que la fortune soit égale entre ceux qui la possèdent, il faudrait que la terre le soit aussi.

L'égalité de travail chez les individus, parce que, si l'un travaillait plus que l'autre, naturellement encore l'un s'enrichirait plus que l'autre, et l'égalité serait rompue.

Or on sait : 1° que les hommes ne sont pas tous capables d'un travail égal, et 2° que la terre est loin d'avoir partout la même valeur ; si bien, que, les hommes en eussent-ils tous une même quantité, du moment qu'elle n'a pas la même valeur, d'un côté comme de l'autre, l'égalité devient impossible.

II

L'ÉGALITÉ N'EST PAS PLUS POSSIBLE PAR LE REVENU

L'égalité, dit-on, pourrait avoir lieu par le revenu. Examinons. Un égal revenu à chacun suppose nécessairement et sans distinction le fonds appartenant à tous et, de plus, travaillé en commun : comme ,par exemple, dans une même famille, nous voyons les père et mère et les enfants nourris du même fonds qu'ils font valoir ensemble. Mais, pour l'Etat ou la société, il n'en va pas de même. Dans la famille, que l'un travaille ou dépense un peu plus ou un peu moins, il n'y est point fait attention. Mais, dans la société, que celui ou ceux qui travailleraient peu ou point aient le même revenu que ceux qui travailleraient beaucoup, on sent que cela ne pourrait aller loin, parce que ce ne serait pas juste. — Donc, encore ici, pas d'égalité, pas même de société possible.

III

LA RAISON ADMET L'ÉGALITÉ, L'EXPÉRIENCE LA CONDAMNE

Etrange et triste situation.

L'homme sent au dedans de lui le cœur et la raison, d'accord cette fois, qui lui disent : Oui, il faut que les hommes soient tous égaux pour qu'ils soient frères ; et aussitôt l'expérience l'arrête et lui dit : Cela ne peut pas être.

IV

SUITE

J'ai dit que la raison était d'accord avec le cœur.

En effet, il est tout naturel de penser et d'admettre que, les hommes étant tous d'une seule et même espèce, d'une seule et même famille, ils doivent avoir tous les mêmes moyens d'existence ; c'est même de là qu'est parti le droit proclamé par notre grande Révolution de 89 et qui nous régit aujourd'hui : que les enfants des mêmes père et mère sont appelés à un partage égal de leur héritage, de même encore que les héritiers de même degré dans une succession. Eh ! bien, d'où vient que ce droit qui existe pour les familles et successions particulières, n'existe-t-il plus pour la famille humaine en général ? D'où vient que l'égalité de fortune ou de partage, obligatoire ici, est proscrite là ? Du moment qu'elle était posée comme juste dans un cas, il n'y avait qu'un pas à faire pour l'étendre à l'autre ? Pourquoi ce pas n'a-t-il pas été franchi ? Il semble bien ici que la loi pèche.

Hé ! non, elle ne pèche pas. La loi a fait ce qu'elle devait et pouvait faire. Un pas de plus, et elle précipitait la société dans un plus grand chaos que celui d'où elle venait de la tirer. Les législateurs de la Révolution avaient vu (car, dans cette révolution, tout avait été vu) que l'égalité des fortunes dans la société était une théorie que démentait le moindre aperçu pratique. Non pas qu'elle soit mauvaise : au contraire, puisqu'elle serait appelée à fonder la société sur le vrai droit ; mais parce que ce qui constitue la fortune humaine se refusait à son application. — *Ce qui en deux mots signifie que la justice n'est pas de ce monde.*

V

JUSQU'OU NOUS MÈNE L'INÉGALITÉ

Et dire que la justice dépend de la terre...

En effet, avec de la terre en assez grande quantité et d'égale qualité, nous avons vu, dans la première partie, qu'il est possible de formuler le code et la loi de l'égalité des fortunes et d'en perpétuer la durée. Mais, sans cette condition, c'est folie d'y penser. Cette égalité peut bien avoir lieu pour un cadre restreint : dans une famille, dans une succession ; et là, en effet, on voit que, malgré la diversité des immeubles, on arrive à un partage égal ou à très-peu près. On peut même y parvenir pour un espace plus étendu. Le territoire d'un village peut se diviser également entre tous ses habitants. Mais il faut s'arrêter là. Les terrains d'un canton ne sont point pareils à ceux d'un autre canton, même voisin : y eût-il le même nombre d'habitants, l'égalité disparaît par conséquent. C'est comme si, par exemple, vous donniez à un individu vingt hectares en Brie, et, à un autre, vingt hectares en Champagne pouilleuse : il n'y a pas de doute que leur fortune serait loin d'être égale.

Ainsi donc, vouloir cette égalité, d'une manière générale au moins, c'est tomber dans l'absurde. Et voyez les conséquences. En la repoussant, les grandes fortunes, les aristocraties, les féodalités, les despotismes, tout cela se reforme... et finit par amener la révolte des déshérités.

VI

SUITE

Absurdité ou désordre.

Nous l'avons dit, la justice n'est pas de ce monde.

VII

DIVISION ÉTERNELLE DANS LA SOCIÉTÉ

De tous temps, donc, il y eut et il y aura dans la société deux classes. Ceux qui possèdent, dominant ceux qui ne possèdent pas. Et ceux qui ne possèdent pas, toujours en révolte sourde ou efficace contre les autres.

Faites l'interversion, mettez ceux-ci à la place de ceux-là, et vous aurez la même chose. Car il n'y a pas plus de vertu chez les uns que chez les autres. Faut-il les en blâmer ? Eh !

du moment que la justice est impossible, l'intérêt la remplace et fait la loi. Et il ne faudra jamais de gendarmes pour que les gens obéissent à cette loi-là.

La conséquence de ceci, c'est que la société devient un brigandage dont la fortune est l'appoint.

Avez-vous déjà vu des fripons se disputant un morceau d'étoffe qu'ils ont volé? L'un tire d'un bout, l'autre de l'autre; et le morceau s'en va en loques : heureux qui peut en attraper pour se faire un habit.

— Voyant cela, il est aisé de deviner ce que demandent ceux que, d'un côté, on nomme socialistes, et, de l'autre, les conservateurs.

Les uns veulent avoir *l'habit* que les autres veulent garder.

Voilà tout.

VIII

POURQUOI IL FAUDRAIT QUE TOUT LE MONDE FUT RICHE.

Certes, je plains les gens sans habit, et voudrais même que tout le monde en eût à la rechange. Autrement, je voudrais que tout le monde fût riche. Pour plusieurs bonnes raisons.

1° Si tout le monde était riche, tout le monde serait obligé de travailler. Et si tout le monde travaillait, tout le monde vivrait en paix. Parce qu'il n'y a rien qui vive plus en paix que les gens qui travaillent, témoins les laboureurs, vignerons, etc. : comme aussi il n'y a rien de plus brouillon que ceux qui ne travaillent point, témoin les rois et les prêtres, gens qui se disent animés de l'esprit de Dieu, et le sont plutôt de celui du diable.

2° Si tout le monde travaillait, il y aurait encore un autre grand avantage. C'est que le travail rend l'homme plus sain de corps et d'esprit. A tel point que les habitants des villes, qui ne travaillent que peu ou points, sont, la plupart du moins, ce qu'on peut trouver de plus bête en ce monde.

IX

SUITE

Mais, dit-on, si tout le monde travaillait, la production dépasserait la consommation, et bientôt il y aurait encombrement dans les affaires.

Ah ! oui, les affaires.—Mais il faut choisir entre affaires et liberté. Ou on est un homme libre, et on n'est pas un homme d'affaires ; ou on est un homme d'affaires, et on n'est pas un homme libre. Les gens d'affaires et de commerce ne sont pas des hommes libres : aussi ils demandent à grands cris la liberté. (Nous verrons plus tard pourquoi.) — Quel est l'homme le plus libre, c'est celui qui a le moins besoin d'autrui. Et l'homme entièrement libre serait celui qui n'en aurait pas besoin du tout. Par conséquent plus l'homme produit ce qui lui manque, moins il a besoin d'autrui, et plus il est libre. Et si un homme produisait tout ce qui lui manque, comme alors il n'aurait plus besoin de personne, il serait entièrement libre. Donc si tout le monde travaillait, ce qui, comme nous l'avons dit, aurait lieu si tout le monde était riche, chacun, alors, ne pouvant plus compter sur autrui, naturellement commencerait à produire ce qui lui est nécessaire. Et ainsi tout le monde serait libre.

Voilà pourquoi je voudrais que chacun eût un ou plusieurs habits.

X

POUR CELA, LE TRAVAIL EST OBLIGATOIRE

Et je voudrais même que ceux qui en manquent fussent obligés de travailler pour en avoir.

Obligation du travail. — A ce mot, je vois bien des gens dresser les oreilles. L'homme est libre, disent-ils, et partant il ne peut être contraint au travail. Fort bien. Mais voyons. L'homme est-il, oui ou non, obligé de vivre ? On n'oserait et on ne peut dire non.

— Si donc il est obligé de vivre, il est obligé au travail. Car rien ne vient sans lui. *Il n'est point ici-bas de moisson sans culture*, a très bien dit le poëte.

Ainsi voilà un individu qui fait partie de la société ; il est dans la misère ; il est pauvre ; il est valide ; il doit travailler. Mais qui l'y obligera ? la société. Elle en a le droit. Car en définitive la société, cela va sans dire, n'existe que par le travail de ceux qui la composent. Si donc l'un d'eux ne travaille pas, il atteint à l'existence de la société. Il la détruit de deux manières : d'abord dans la mesure de ses forces, qui sont en pure perte pour le corps social, et dans la mesure de son appétit et de son entretien, à laquelle il faut que la société subvienne. Mais la société n'est pas tenue à entretenir ainsi elle-même la propre cause de sa destruction. Et, encore une fois, tout individu ne possédant rien, mais valide, doit par elle être obligé au travail, ou mis hors la société.

C'est absolument comme si, dans une famille de huit enfants, je suppose, un, deux, trois, ne travaillaient pas : qu'auraient à faire les autres ? Ou du moins, que seraient-ils en droit de faire ?

XI

SUITE. POURQUOI IL EST ABANDONNÉ

Mais, dit-on, il y a une grande différence entre la famille et la société. Dans la famille, chacun est encouragé au travail par la part qu'il a à prétendre dans la succession. Mais dans la société, où celui qui ne possède rien n'a rien à attendre, que voulez-vous qui le porte au travail ?

— Cette question revient toujours au partage de l'actif social ou à l'égalité des fortunes, à laquelle il ne faut pas songer. Mais quand même encore elle existerait, cette égalité, est-ce que le travail en serait moins indispensable ? Je suppose que vous qui n'avez rien vous possédiez demain 10 hect. de terre, est-ce qu'il ne faudra pas toujours que vous les fassiez valoir, à peine de redevenir bientôt aussi pauvre ?

Devinssiez-vous tout à coup propriétaire d'une mine d'or, encore faudrait-il que vous l'exploitiez. C'est par le travail qu'il faut absolument passer. Et, à moins que vous n'ayez trouvé un endroit inhabité, où les fruits viennent tout seuls et en toute saison, il sera toujours la loi. Mais ces endroits-là sont rares.

— Je dis donc que, dans tous les pays du monde, pour vivre et s'enrichir, il faut, à quelque degré que ce soit, un travail quelconque.

Eh bien, est-ce que, aujourd'hui, le travail manque ? et, s'il ne manque pas, n'est-il donc pas assez rétribué ? N'offre-t-il pas, dès lors, le moyen de vivre et probablement de s'enrichir ?

Quant à savoir s'il manque, il suffit d'interroger l'agriculteur, dont, faute de bras, les champs et les vignes retournent en friche (1).

(1) La faute en est aussi aux cultivateurs. Si le cultivateur et le vigneron avaient pour deux liards de sens commun, ils ne feraient jamais pour un liard de luxe. Car c'est le luxe qui attire et retient les ouvriers dans les fabriques et dans les villes. La cause en est aisée à saisir. En faisant du luxe, en consommant, comme ils le font, des objets de luxe, que font les cultivateurs ? Ils font naturellement hausser le prix de ces objets. Et à quoi sert cette hausse ? Elle sert aux fabricants et négociants à pouvoir payer plus cher que vous vos ouvriers, et ainsi à vous les enlever. Si bien que c'est vous, ô paysans ! avec votre propre argent, qui donnez aux autres le moyen de vous ruiner.—Si par exemple vous ne consommiez pas tant de fer pour vos charrues, dont, excepté *l'oreille*, tout pourrait être en bois et vaudrait autant : est-ce qu'il faudrait autant d'ouvriers dans les forges ! — Si vous ne faisiez pas des maisons comme des châteaux, est-ce qu'il faudrait autant de menuisiers, parquetteurs, ébénistes, plafonneurs, tapissiers, peintres, etc. ? — Si vous ne suiviez pas tant les modes, est-ce qu'il faudrait autant de garçons et de filles de boutiques. — Si vous ne vouliez pas, houle-mottes que vous êtes, vous donner des airs de princes, est-ce qu'il faudrait autant de carrossiers, selliers, etc. — Sans votre sottise donc, une bonne partie de tous ces gens seraient restés à l'agriculture. Vous vous plaignez de manquer de bras, et vous ouvrez vous-mêmes la voie par où ils fuient. Croyez-moi, renoncez au luxe. N'écoutez pas ces hâbleurs d'écrivains, de journalistes, même de députés, qui vous disent qu'il faut que les villes regorgent de monde et que l'industrie soit richissime pour que l'agriculture le soit. Aujourd'hui, la grande industrie est prospère et les villes s'agrandissent démesurément : or, l'agriculture est-elle à ses aises ? Voilà la question.

Il y a encore une autre considération. En envoyant les ouvriers

Mais, chez l'agriculteur, il faudrait travailler comme journalier ou domestique. Et aujourd'hui que le moindre va-nu-pieds prend des airs de noblesse, on a honte de ce mot. Tout le monde veut être maître aujourd'hui, au travail comme au gouvernement. Je le voudrais aussi, si cela se pouvait. Mais, en attendant, il faut prendre les choses comme elles doivent l'être. Et je ne vois pas pourquoi le même homme qui va servir dans ce qu'on appelle les hautes classes refuse de servir chez l'agriculteur. Comme si, chez les uns ou chez les autres, il n'était pas toujours domestique. Comme si, chez les hautes classes, il n'était pas plus bas que chez les agriculteurs, où il vit leur égal.

Mais les hautes classes habitent les villes. Et c'est tout...

XII

OU CELA NOUS MÈNE

C'est tout, oui, pour les fainéants.

Car, si les villes s'agrandissent tellement, c'est que le nombre des fainéants augmente. Et, chacun le sait, plus leur

dans les fabriques et dans les villes, vous donnez aux fabricants et aux villes le moyen de se faire représenter dans tous les conseils de l'Etat ou du gouvernement. Si bien que, en effet, vous n'y êtes plus représentés du tout, ou du moins plus guères. Aussi voyez, on ne s'y occupe plus que de l'intérêt des villes et de l'industrie. Quant à l'agriculture, c'est pour l'année prochaine ; si on y pense. — Cependant, quand ces gens s'étaient mis sur les rangs, *ils connaissaient les besoins de l'arrondissement, les intérêts du département ; ils feraient tout pour venir en aide à l'agriculture :* bref, si vous les nommiez, ils seraient pour vous une providence intarissable .... en promesses. O laboureurs, combien de temps encore vous laisserez-vous berner par de pareils saltimbanques ?

Il est donc temps bientôt de changer de système. Vous êtes la base de la société, les premiers par conséquent dans la société. Vous êtes en majorité dans la nation ; vous devez être en majorité dans ses conseils. Entendez-vous donc pour nommer, pour y représenter l'agriculture, des agriculteurs, c'est-à-dire des gens qui s'y entendent, et non pas des avocats, des médecins, des notaires, des industriels, etc , dont pas un n'y entend rien.

Et la preuve, c'est que, depuis que vous avez pris la belle habitude de les placer à la tête de vos affaires et de celles de l'Etat, tout, dans l'Etat, dépérit : excepté eux, la dette publique et les impôts.

nombre augmente, plus la société ou l'Etat est en péril. Et aussi l'on peut calculer la décadence des Etats sur l'agrandissement des villes.

Je sais bien que d'aucuns raisonnent autrement et disent : Les gens qui viennent habiter les villes sont, la plupart du moins, ceux qui ont fait leurs affaires ; si donc les villes augmentent, c'est qu'il y a davantage de ces gens-là, et alors, plus, dans un État, il y a de gens ayant fait leurs affaires, mieux marchent les affaires de l'État. — Toutes ces affaires ne font pas la nôtre. Et nous allons voir de quel côté est la vérité.

Dans la campagne, bien des jeunes gens qui ont quelques bouts de terre pourraient les agrandir en restant à les cultiver. Mais, bah ! cultiver la terre, c'est bon pour des rustres ! (1) Notons que cette réflexion leur vient déjà de la ville. Un beau jour donc, nos petits messieurs disent à leur papa : Il y a ici, tout près, une sous-préfecture, une recette, un ministère, etc.; les employés gagnent là-dedans de l'argent, bah ! à n'en savoir que faire, et, moi qui sais mon a b c, je me sens bien capable d'en faire autant.

Le père, un sot homme qui devrait prendre un bâton pour toute réponse, se dit : Hum ! qui sait, si mon fils venait à être lancé sur le chemin de la préfecture, est-ce que je ne pourrais pas me lancer sur le chemin de la mairie ? et, là-dessus, se rengorgeant : Oui, dit-il, partons. Et il va promener sa marchandise et en fait un employé. Joli titre au moins. Mon âne, lui aussi, est mon employé.

— Eh bien ? qu'est-ce qui a poussé nos jeunes gens à aller à la ville se faire le valet de Monsieur ou le serf de Monseigneur? La fainéantise, rien que cela.

(1) M. Edmond About, dans son livre *le Progrès*, conseille de vendre les bouts de champs et d'aller comme ouvrier dans les villes. Et il cite l'usine Cail, qui donne 20 fr. par jour à ses ouvriers. Mais toutes les usines donnent-elles 20 francs ? Et celles qui finissent par ne plus payer du tout ? Mais, outre cela, le conseil de M. About mènerait bientôt à la reconstitution des grands domaines et de la féodalité qui en est la suite. Est-ce donc pour cela qu'a été faite la Révolution française? Vraiment M. About a l'air de joliment s'entendre au progrès.

D'hommes libres qu'ils eussent été en labourant leur champ, ils sont allés se faire esclaves. Car enfin, pour terminer, je pose cette question : Un employé est-il encore un hommo ?

XIII

SUITE

Quant aux individus qui, ne possédant rien, se rendent à la ville comme ouvriers, on n'oserait soutenir que c'est pour y gagner plus d'argent, puisque, en général, ceux qui ne quittent pas leur village deviennent plus riches qu'eux. Ils ne sont attirés là que par l'appât des jouissances. Ce qui les conduit à la dépense anticipée de leur salairo, et, à la moindre crise industrielle ou commerciale, les fait descendre dans la rue... Voilà le résultat le plus clair du luxe dans les campagnes, et de la belle théorie de M. About !

XIV

SUITE. LA FEMME, AGENT ANTISOCIAL

Mais la cause la plus directe et la plus efficace du dépeuplement des campagnes, c'est la femme.

La femme est aujourd'hui comme la grenouille qui veut paraître un bœuf. A-t-elle quelque cinquante ou cent mille francs, elle se croit appelée à jouer un grand rôle. La tête lui tourne. Le village lui déplaît. Elle rêve équipage et hôtel sur le boulevard. Tenant à la fois à la conservation du patrimoine et ayant le goût du luxe, nous la voyons flotter quelque temps entre ces deux idées, puis, finalement, abandonner l'une pour se jeter dans l'autre. Aussi, que de naufrages, que de hontes elle a amassées sur elle et sur les siens ! Mais que lui importe, pourvu qu'elle ait l'adoration d'un certain monde qui, plus tard, n'aura pour elle que du dégoût ! Pareille à ces astres éphémères qui brillent un moment et s'éclipsent, ainsi elle passe. Y en a-t-il quatre au cent qui, un jour, n'en viennent pas à regretter le chaume qu'un moment d'ambition leur a fait quitter? Il n'est plus temps. Devenues comparses assidues de ces salons bourgeois qu'on pourrait appeler des foyers d'idiotisme, et où se jouent des *saynettes* dignes des pantins qui y figurent, elle tombe à la hauteur de cet entourage : gens sortis du commerce, de l'industrie, de la finance, hier commis ou porte-faix, aujourd'hui petits messieurs qui s'imaginent gagner leur titre d'homme d'esprit comme ils ont gagné celui de parvenus ! Le monde bourgeois... c'est depuis qu'il est devenu une chose à la mode que les Français sont redevenus des ostrogots, et que la femme des champs, comme celle des villes, est une caricature.

Il faut le dire pourtant, c'est la noblesse qui a donné le ton. A défaut du prestige que, à tort ou à raison, possédaient ses aïeux, elle n'a rien trouvé de mieux, pour se distinguer du monde bourgeois, que de se jeter dans le ridicule : comme ces joueurs qui, ayant perdu leur argent et risqué leur honneur, se suicident. J'inclinerais à penser que cette façon d'agir des piètres rejetons de l'ancienne race est une vengeance à l'adresse des ci-devant vilains qui ont pris leur place. Ah ! pékins, se sont-ils dit, vous voulez nous imiter ; soit. Mais vous saurez du moins ce qu'il en coûte. Et la folie, des deux côtés, alla son train, si bien qu'aujourd'hui elle est arrivée à son terme. La bourgeoisie, en effet, est au même rang que la noblesse. Elles n'ont plus rien à se reprocher.

— Dites-moi maintenant ce que peut devenir la femme des champs qui va à la ville chercher son éducation dans des couvents ou pensions, où nécessairement a pénétré l'influence de ces deux castes dégénérées. Naturellement elle y puise cet esprit qui, plus tard, la rend bonne à rien. Car il n'y en a pas une qui, sortie de ces maisons et ayant une certaine position, ait le goût du travail, qui soit même capable de diriger sa maison.

Sans doute, je ne viens pas dire que la femme doit travailler comme l'homme. Elles ne le pourraient pas d'ailleurs, tant faibles elles sont devenues. Comparez-moi donc ces poules mouillées avec leurs grand'mères. Nous les avons vues, celles-là, mères de quatre, six, huit enfants, suivre encore leurs maris à la besogne : il est vrai qu'elles n'ajustaient pas si bien une crinoline que leurs fillettes. Mais où est aujourd'hui, dans les classes aisées ou riches, la femme forte ? Mettre au monde un mioche et l'élever, en voilà pour sa vie ; si elle n'y succombe pas. A quoi tient cette différence ? A la vie des villes ; vie niaise, rétrécie, vie de casernement et de brute. La femme, comme l'homme, comme l'aigle, n'est pas faite pour vivre en serre : il lui faut, pour se développer, l'espace.

XV

ÉDUCATION A REFAIRE

Il faut donc changer notre système d'éducation. Laissons *les salles d'étude, les classes*, aux enfants du peuple, parce que, destinés au travail, et surtout au travail des champs, ils regagneront là la force qu'ils auront perdue dans ces lieux d'infection. — Quant à vous, qui possédez une certaine fortune, appelez chez vous, pour vos garçons et vos filles, des professeurs des deux sexes. Vous et vos enfants n'en aurez plus tard que plus de satisfaction.

XVI

SUITE

Il y a pourtant un inconvénient, dit-on. L'instruction devenant ainsi particulière, les enfants n'auront plus ce type égal qui caractérise les individus d'une même nation.

Eh, où serait le mal ? Trouvez-vous donc bien beau, par exemple, que nos bacheliers, comme les filles américaines, aient l'air d'avoir été tous jetés dans le même moule ? C'est absolument comme nos abbés, qui depuis des centaines d'années, s'habillent avec la même soutane et font les mêmes sermons avec le même vide d'idées. Tout cela ressemble à une couvée de dindons qui glousse après le même moucheron. Et nos académiciens, élevés aussi en famille, qu'est-ce qui les distingue ? Rien. Même style, même pensée ; toutes ces plumes sont taillées de la même façon : la phrase se déroule, les mots abondent, comme les flots d'un fleuve qui arrosent un désert. Il y a là de belles manières, du bon ton, de l'élégance : les pauvres gens sont ceux qui s'habillent le mieux. L'érudition, la science acquise, ne manquent pas non plus, mais ce qui manque, c'est l'invention, c'est le génie. Aussi sans Corneille, La Fontaine, Voltaire, qui connaîtrait l'Académie ? personne. Ces gens-là ne vivaient pas en grande bande, pas plus que Diderot, Rousseau, Béranger, et Proudhon, l'homme de notre siècle.

Qu'on ne redoute donc pas que les jeunes gens soient instruits séparément. Ils ne le seront que mieux. Les exemples que nous venons de citer le prouvent. Béranger ne mit jamais le pied dans un collége ; il ne concourut jamais pour un prix de grec ou de latin ; quel est cependant l'helléniste ou le latiniste qui puisse lui être comparé ?

Ah ! mes pauvres docteurs et évêques, en voici un qui vous fera toujours singulièrement oublier. Cependant il n'affichait pas, comme vous, d'aussi grandes prétentions à la science. Il savait ce que nul ne devrait ignorer : que le savoir humain n'est que l'ébauche du savoir universel.

XVII

RÉFLEXIONS ET CONSEILS A CE SUJET

Si donc j'avais un fils, je lui dirais ceci :

Mon fils, il est une chose en ce monde qu'il faut rechercher et reconnaître comme la première de toutes : c'est la science. Mais vous saurez aussi que la science ne sera jamais faite, et que, par conséquent, tout en l'honorant, il faut néanmoins avoir conscience de son impuissance et ainsi n'en pas faire, pas plus pour soi que chez les autres, un sujet d'idolâtrie ou d'orgueil.

Il faut savoir, mon fils, qu'au-dessus de la science il y a une puissance à jamais inconnue, qui, soit hasard, calcul, fatalité, aveuglement ou désordre, nous ne pouvons rien décider ici, se joue de la science et, à un moment donné, réduit à néant ses conceptions les plus sûres, comme ses œuvres les plus solides. En un mot, le mal, voilà l'irréconciliable et invincible ennemi de la science. Elle l'écarte ici, il reparaît là. D'où vient-il, nul ne le sait. Mais ce qu'on sait et qui est certain, c'est qu'il existe. Et l'on peut affirmer que, contre lui, la science n'aura, dans tous les temps, qu'une puissance relative, bornée, passez-moi le mot, une puissance impuissante.

Le mal est éternel, et, destinée dérisoire, l'homme doit le combattre sans cesse, certain même de cette éternité.

— Il y a eu de grands peuples en ce monde. Les mers les séparaient. Il semblaient par là qu'ils dussent vivre éternellement en paix. Point. La science invente les navires, et ces peuples se détruisent les uns les autres.

Ces navires étaient un bien, cependant. Ils avaient rendu possible l'échange des produits des diverses nations, autrement dit le commerce. Tout le monde allait s'enrichir, semblait-il. L'Asie, la première, en était devenue opulente. L'Egypte l'avait suivie. L'arabie, après, avait eu ses jours de lustre. Toutes ces contrées, au temps où l'Europe bégayait à peine son nom, avaient des flottes innombrables qui venaient enlever chez nous ce que nous considérions comme sans valeur, et qui, chez elles, se consommait à des prix fabuleux! Quelle belle chose, pensions-nous, que la navigation ! C'était là du génie au moins ! Ah ! l'Orient.... Eh ! bien, mon fils, qu'est devenue cet Orient, et ses vaisseaux, et ses richesses, fruit de ses lumières ? — Les lumières, oui, la science, sous toutes ses formes, avait passé là ! Et l'Orient est un désert.

L'Europe le remplace. — Au contact des Orientaux, elle se civilise. La Grèce, la première, lui montre l'horizon. Elle ouvre la voie où, plus tard, passera tout l'Occident. Sa situation géographique, d'ailleurs, en faisait naturellement un soldat d'avant-garde. Elle n'avait qu'à avancer le pied pour le poser sur la côte d'Asie. Elle le fit. Peuple vierge, elle était comme ces terrains qui n'ont encore rien produit et qui, sous la moindre culture, n'en deviennent que plus féconds. Bientôt, en effet, elle s'élève. Et, comme ces enfants qui, devenus forts, repoussent du pied leur berceau, elle se montre face à face à cet Asie qui fut sa mère et lui dit : A moi le commandement !

Elle en était et sut s'en montrer digne. Et cependant cette grande nation, qui dans la science et surtout dans l'art a posé des limites que nul jusqu'ici n'a dépassées ni même atteintes, cette nation, qui devait être éternelle, elle s'arrête à son tour, et tombe.

Voici Rome (l'ancienne bien entendu, car la nouvelle n'est rien). Inférieure, dans l'art (1), à la Grèce, elle la passe dans

(1) On a tant parlé des monuments de la Grèce et de Rome, que je m'étonne que des écrivains, français et étrangers, y reviennent encore. Et certes nous n'en dirions rien s'il ne s'agissait ici de quelques erreurs dans les descriptions qu'on en a faites.

Chateaubriand, par exemple, dit ceci : « Si après avoir vu les monuments de Rome ceux de la France m'ont semblé grossiers, les monuments de Rome me paraissent barbares à leur tour depuis que j'ai vu ceux de la Grèce, » *Itinéraire*.

Chateaubriand est injuste. — Les Romains, on le sait, ont d'abord imité les Grecs : le péristyle et le fronton du Panthéon rappellent ceux du Parthénon, le temple de Vesta a la forme de la lanterne de Démosthènes, etc.; la disposition et la situation : le Capitole construit sur une élévation comme le temple de Minerve sur le rocher de l'Acropolis ; la Voie sacrée descendant du Capitole à travers, les temples de Vespasien, d'Antonin, de Romulus, les arcs de triomphe, la Curia, etc., comme elle descendait du Parthénon à travers le Pandroséum, les Propylées, le temple de la Victoire, l'Aréopage enfin la réunion, à Rome comme à Athènes, de presque tous les monuments au même endroit ; — tout cela accuse l'imitation. Or, on le sait, jamais imitateur ne fut au niveau du modèle. Dans les arts surtout, ce qui a été créée ne peut-être *recréé*. C'est ce qui se voit à Rome : faut-il s'en étonner ? du tout. —Les Romains, comme tous les peuples qui commencent, avaient subi l'ascendant de leurs devanciers. L'architecture grecque était si belle, qu'ils en avaient été séduits ; et, jugeant avec raison qu'ils ne pourraient la surpasser jamais, ils l'avaient adoptée. Là fut leur tort. Tout peuple qui se fait copiste avoue son impuissance. Il vaut mieux qu'il crée un genre, si mauvais soit-il, que de se mettre au-dessous de ses voisins en adoptant le leur, Mais, ce qui aggrava encore leur faute, c'est que, quand ils eurent perdu tout espoir d'égaler leurs maîtres, il semble qu'ils aient voulu s'en venger en les distançant par la *masse*. Les Romains, ne pouvant, sur leurs chefs-d'œuvre même, attirer les regards toujours tournés vers la Grèce, cherchèrent à les frapper par l'immensité des proportions. — A défaut du Parthénon, le Colysée. Là-bas le simple, le gracieux : ici le gigantesque. Les monuments des Grecs sourient et attirent, à Rome ils s'imposent et écrasent. Les

la guerre ; dans ce qui devait le mieux la préserver par conséquent. Qu'est-elle devenue?... Et, encore une fois, qu'est-ce que la science humaine qui ne peut préserver, même ses œuvres les plus fortes, d'une ruine certaine?

Après Rome, l'Espagne, la France, l'Angleterre. Bien loin, hélas ! bien pauvres de génie, ces nations (1), auprès des anciennes. Mais pourtant, elles ont eu aussi leurs grands jours. — Que sont-elles aujourd'hui? Elles passent.

La civilisation, mon fils, est comme un astre vain, qui, ne pouvant éclairer à la fois le globe tout entier, en fait le tour en des milliers d'années, portant aux peuples vers lesquels il s'avance la lumière qu'il retire à ceux dont il s'éloigne. — Nous en sommes témoin aujourd'hui : le Nouveau Monde se civilise — les ténèbres s'épaississent sur l'ancien. L'Amérique marche, l'Europe recule.—Dans cent cinquante ans, le Chimborazo sera le centre du monde, et l'Asiatique est déjà un Bédouin.

XVIII

Telle est donc la loi de la science. Elle tourne dans un cercle qu'elle ne peut franchir. Ses merveilles n'étonnent que le temps qui les voit naître, et l'avenir tient sous son pied la poudre qui doit les effacer.

XIX

Donc, *rien de nouveau sous le soleil*, dit-on. Si ce mot n'était proprement la consolation des incapables, nous l'appliquerions à la situation, mais il y a mieux à dire et à faire.

Et d'abord, rien de nouveau, qu'entend-on par là? Si l'on veut dire que tout ce qui existe a toujours existé, cela n'est

uns respirent la douceur, la paix ; ceux-là sentent la force, la menace, l'audace.

Est-ce à dire qu'ils soient barbares? Non. Pas plus que ceux de France ne sont grossiers.

(1) Elles leur sont supérieure seulement par l'industrie. Ce n'est pas une compensation.

pas : les idées ni les choses ne sont pas les mêmes aujourd'hui qu'il y a vingt ou trente siècles. Les chemins de fer, par exemple, la télégraphie électrique n'ont jamais existé ; du moins, il n'en reste pas de traces, et, par conséquent, rien ne peut prouver contre leur nouveauté.

Mais le mot est vrai, en ce sens que le germe de toutes les idées a été déposé dans l'humanité dès son apparition sur le globe ; lesquelles idées se développent en même temps que les générations, et n'ont d'autre but et d'autre fin, soit pour le bien, soit pour le mal, que l'humanité même ; que, dès lors, peu importent les formes successives sous lesquelles elles se manifestent : la seule chose à savoir étant si, sous l'empire de ces nouvelles formes, le bien ou le mal dans l'humanité ont, l'un augmenté, l'autre diminué, car dans ce cas seulement l'idée, indépendamment de la forme qui ne signifie rien, pourrait être dite nouvelle.

Or, l'histoire des sociétés en général prouve que, quelles qu'aient été les idées sous lesquelles elles ont vécu, le mal, en définitive, les a emportées, puisque toutes elles ont disparu.

Donc, rien de nouveau.

— N'est-ce pas, mon fils, que voilà une bien belle situation ? Nous savons d'avance que rien de ce que nous pouvons faire ne doit nous survivre. Fortune, science, arts, nations, empires, républiques, cités, un peu plus tôt, un peu plus tard, tout cela doit disparaître, et disparaître tellement que l'avenir n'en garde pas même un souvenir, nous en sommes convaincus. Et néanmoins, nous sentons au-dedans de nous une voix qui nous crie sans cesse : Faites, travaillez, fondez, créez.

Car, ajoute la voix, l'incréation c'est le néant ; et créer, c'est vivre.

— Fort bien. Mais, qu'est-ce que créer ? C'est produire une chose, une œuvre nouvelle ; or, nous avons vu que rien n'est nouveau. Donc, l'homme ne crée pas, et alors il ne sait pas ce que c'est que vivre.

— D'un autre côté, l'homme vit, donc l'homme n'est pas le néant.

Donc, sans être l'un ni l'autre, l'homme est placé entre le néant et la vie.

— Qu'est-ce que le néant ? Rien.

— Qu'est-ce que la vie ? C'est la connaissance générale et exacte de toutes choses.

Et, comme cette connaissance n'est jamais dans l'homme, il est informe, indéfini ; c'est une conception sans preuve, une intuition sans mesure.

Rien n'est tranché dans cet être. A proprement parler, ce n'en est pas un. C'est une espèce d'être, un mélange de tout et de rien.

Résumant donc cette dernière partie, nous disons :

— Egalité impossible.
— Société à l'aventure.
— L'homme, un idiot.

Voilà quel fut et sera toujours le lot de l'humanité. Voilà quelle est sa loi. Nous avons vu, dans la première partie, ce qu'elle devrait être : c'est-à-dire la liberté positive ou l'égalité. D'où vient donc qu'il n'en peut être ainsi. D'où vient que le droit ne peut être réalisé ? Quelle est la cause qui s'y oppose ? Qui faut-il accuser ?

Bien des hommes, sans doute, sont ici d'accord avec la fatalité. La domination, l'inégalité, c'est-à-dire le brigandage social, auront toujours de fervents apôtres ; mais enfin, chacun voulut-il qu'il en fût autrement, que tous nos efforts n'aboutiraient à rien. Ce globe, que nous appelons notre domaine, est irréformable. Le champ où se meut la science a des limites inaccessibles. Pauvres hères qui grattons un coin du sillon, inclinons-nous. La conscience humaine doit ici refouler une inutile protestation.

TROISIÈME PARTIE

LA SITUATION

CONSÉQUENCES A EN TIRER AU POINT DE VUE DES CIRCONSTANCES PRÉSENTES

I

A QUEL POINT S'ARRÊTER ?

Si nous ne pouvons arriver à la liberté positive, devons-nous suivre ou rejeter la voie qui y conduit?

C'est comme si vous mettiez un laboureur en présence d'une plaine fertile, mais trop étendue pour qu'il puisse la cultiver entièrement : eh ! mais, dirait-il, laissez-la-moi toujours, j'en embrasserai et cultiverai ce que je pourrai.

Ainsi doit faire la société : Chercher à atteindre la liberté.

Dès lors, il faut lui donner une forme de gouvernement dont la nature réponde le mieux à celle du but poursuivi. Or, on l'a prévu déjà, ce gouvernement ne peut être que le gouvernement républicain (1).

(1) Montesquieu et, je crois, Rousseau après lui, veulent que la forme du gouvernement change selon la différence des climats et des terrains. C'est une erreur. La liberté, chez les peuples, peut

On a dit qu'il ne convenait point à des peuples nombreux et ayant surtout un territoire étendu. Nous ne tenons pas cela pour absolument faux. Et si l'Amérique nous donne la preuve du contraire, c'est par la raison que nous allons dire

En France, en Italie, en Espagne, et dans toute l'Europe enfin, il semble que la république soit le gouvernement de la *crapule*. On dirait, en effet, que cette classe l'attend comme un Messie qui doit lui procurer la vie sans travail et surtout la possession future par l'annulation de la possession présente. Ce sont là les véritables fléaux de la république, et ceux qui, dans tous les cas, en font redouter et retarder l'avénement. Eh bien! comme ces imbéciles ont néanmoins le droit de vivre comme tous les autres hommes, quand ils en viennent à réclamer un peu énergiquement ce droit, que peut-on leur répondre en Europe : Travaillez, et vous vivrez. C'est fort bien. Mais l'Amérique, elle, va plus loin. « Travaillez, dit-elle, et je vous rends riches. Voici de la terre, des forêts, des prairies, à 8 ou 10 fr. l'arpent : soyez domestiques pendant seulement trois ans, et avec 600 fr. d'économie sur vos gages vous voilà propriétaires. »

Avec de telles conditions, l'individu le plus *crapule* serait, on le voit, fort mal venu à se plaindre.

La propriété étant ainsi au bout d'un travail si court, l'ordre dans l'État ne peut être menacé. Et la république peut durer en Amérique autant de temps que la population ne dépassera pas le chiffre en rapport avec l'étendue de son territoire. Ce qui n'est pas près d'arriver. Et ainsi cette étendue qu'on oppose au gouvernement républicain lui est ou devient, au contraire, favorable.

Mais l'Europe n'en est pas là. Chez elle, le sol étant tout

varier en raison de leurs moyens de subsistance. Mais elle ne peut s'annihiler nulle part. L'homme, partout, veut être libre. Et la liberté, bien entendu, ne s'accorde ni de la monarchie, ni de l'aristocratie, à quelque degré que ce soit. Car c'est seulement la pression que ces sortes de gouvernements exercent sur les peuples, et l'ignorance où ils les tiennent sur leurs moyens de devenir libres, qui fait qu'ils se résignent à ne pas l'être. Instruisez n'importe quel peuple, et vous verrez si en fait de gouvernement il veut autre chose que la république.

aux mains de propriétaires, elle n'en peut créer de nouveaux. Et pour elle, par conséquent, l'embarras de la pauvreté subsiste et persiste. Contre un tel état de choses, la république ne serait pas plus un remède que la monarchie sans doute, mais du moins si elle ne donnait pas la liberté dans le fait, elle la donnerait *dans l'idée*, — immense compensation.

II

CE A QUOI NAPOLÉON III DOIT SONGER (1)

Si Napoléon III comprend bien son rôle, il doit se proclamer Président de la république. Il y a déjà songé sans doute. Et la seule chose qui le retienne, c'est son fils, à qui il veut conserver l'héritage impérial. Mais, comme nous le disions dès 1851,

. . . .

L'horizon politique est chargé de nuages,
Où peut-être déjà de terribles orages,
De leurs flancs enflammés d'où le tonnerre sort,
Préparent aux humains le chaos ou la mort.

Il vaut donc mieux prévenir la débâcle que la subir. Et le seul moyen, nous l'affirmons, d'y échapper, est celui que nous proposons.

Voyez, en effet, quelle portée aurait un tel acte. Napoléon président de la république française le devient à l'instant de la république européenne. Il attire à lui les peuples d'Italie, d'Espagne, d'Allemagne, d'Angleterre même. Il détruit l'influence de la Prusse. Il atteint celle de la Russie, qui, prise entre nous et l'Amérique, redevenue, notre amie par conformité de gouvernement, n'aurait rien de mieux à faire que de céder au nouveau courant, à peine de se voir emporter par lui. Et il assure ainsi la paix du monde.

N'est-ce pas là un rôle à sa taille? Car enfin, à l'heure

(1) Ce qui va suivre a été adressé à qui de droit le 6 juillet 1869.

qu'il est, nul que lui n'est à même de le tenter, et, disons-le, d'y réussir. Placé à la tête de la nation française, nation appelée, si on la sait diriger, à régénérer l'Europe; héritier d'un nom qui impose; assez fort pour résister aux démagogues de quelque part qu'ils viennent, et pour rassurer par conséquent les propriétaires, il aurait avec lui, quand même, ce qu'on appelle le parti de l'ordre. Et ainsi la république se trouverait fondée comme elle doit l'être, sans secousse, sans révolution.

Mais, dit-on, Napoléon, en agissant ainsi, aurait pour ennemis irréconciliables les hommes de l'ancien régime et le clergé. Hé! croit-on qu'ils aient jamais été ses amis? Et l'ont-ils jamais accepté que comme une sûreté contre la république, devant laquelle ils se savent désormais impuissants? — Ce qui prouve que, la république déclarée, ils sont du même coup anéantis. Et d'ailleurs, Napoléon président rallie à lui les républicains, dont l'opposition devient par là sans motifs. Et qu'importe alors, avec cet appui, et les légitimistes et le clergé, et Rome? Rien. Et ce que ces pauvres gens auraient de mieux à faire, serait de veiller à leur salut en ne compromettant pas celui de la république.

III

SUITE; ET COMMENT DOIT AGIR LE PEUPLE FRANÇAIS

Un peu plus tôt un peu plus tard, et que ce soit par Napoléon ou par un autre, ce résultat est celui qui nous est acquis. Ce n'est pas un simple pressentiment, non! qui nous l'indique : il perce à travers l'avenir. Vainement les rois se ligueront pour lui faire obstacle : en l'empêchant ainsi de se produire naturellement et sans secousse, ils ne feront que le précipiter et le rendre possible par une catastrophe. C'est pourquoi, nous qui ne voulons, pas plus que personne, de révolutions, nous adjurons Napoléon d'aller au-devant du mouvement et d'en prendre la direction. Car une révolution aujourd'hui serait de l'idiotisme (1). Elle prouverait que le peuple français et ceux qui le gouvernent n'ont pas eu la moindre intelligence de la situation qui nous presse.

IV

COMMENT CETTE SITUATION EST SANS PRÉCÉDENT HISTORIQUE, SUITE

Elle n'eut jamais d'égale en ce monde. Et l'on irait en vain, pour se faire des illusions sur sa gravité, chercher des ressemblances dans l'histoire, même la plus reculée. Quand par exemple — et c'est là le seul point qu'on puisse invoquer — quand l'Empire s'établit dans Rome, elle n'avait partout, autour d'elle, que des peuples vaincus, et surtout pas de république qui pût, comme aujourd'hui l'Amérique, balancer son influence dans le monde. — L'Empire français, lui aussi, a vaincu le monde, mais le monde entier s'est levé

(1) Beaucoup ne sont pas de cet avis. Ils veulent renverser l'Empire. Mais comme, pour renverser l'Empire, il faut, présentement du moins, une révolution, ils veulent une révolution. Or, à quoi aboutirait aujourd'hui une révolution?

1° A une restauration bourbonnienne ou orléaniste. Bien. Et puis après, en serons-nous plus tranquilles? Et ne verrons-nous pas, le monarque à peine installé, tous les autres partis conspirer contre lui? Et la France veut-elle donc adopter indéfiniment le régime des restaurations et des déchéances, le régime en un mot des révolutions périodiques? Est-elle donc tombée si bas qu'elle ne soit plus que comme un enjeu banal offert aux calculs d'ambitieux sans cervelle qui nous conduiraient où nous ont conduits leurs aïeux? Non. Assez de monarchies comme cela. Assez de ces tuteurs qui, sous prétexte de vouloir faire nos affaires, font seulement les leurs;

2° *Une révolution aboutirait à la République.* Encore mieux. Mais alors ne serait-il pas préférable d'y aboutir sans révolution? Et puis l'établissement de la République par suite d'une révolution serait, au moins pour un temps, les dissensions, les luttes des partis: la guerre civile enfin. Et qu'est-ce donc aujourd'hui, pour la France, que la guerre civile, sinon l'appel à l'étranger.... sinon prêter le flanc à ses entreprises?... Eh bien! devant une telle perspective, et à tous les points de vue, je dis qu'il faut que les Français, à quelque parti qu'ils appartiennent, fassent le sacrifice de leur haine, s'unissent dans la République, et, par cette union, deviennent comme un rempart inexpugnable contre les rois d'Europe, et un appui assuré pour les peuples

contre lui, et il est tombé. Sa restauration, personnifiée en Napoléon III, se ressent donc à la fois et de son élévation et de sa chute. A moins donc de prendre une revanche de 1814-1815 (et ce serait folie d'y penser) l'Empire actuel ne peut qu'être au niveau de ses contemporains. Est-ce la peine de s'appeler Napoléon pour cela? Quand on veut être roi ou empereur, il faut être de la taille d'Alexandre, de César ou du *Petit Caporal*. Sinon c'est à faire pitié. Et l'on ne laisse à l'histoire qu'un nom qui sert aux peuples à rappeler la date de leur existence, comme les bornes des routes servent à en marquer les distances.

La situation présente, donc, ne tient en rien de l'ancienne. Ce qui la rend plus difficile, c'est que nous avons partout des peuples devenus presque nos égaux, et avec lesquels par conséquent il faut bien un peu compter. De plus, ces peuples, ou plutôt leurs rois et leurs vieilles aristocraties (1), en souvenir sans doute des leçons que, de 1791 à 1812, nous leur avons tant de fois infligées, ne désirent qu'une chose, notre perte.

Eh bien, pour annuler leur projets, que faut-il faire? annuler d'abord leur influence sur leurs propres sujets : — quelques grains de républicanisme envoyés de France auraient pour cela un succès inespéré.

Mais on ne peut donner aux autres que ce qu'on a soi-même. Il faut donc que Napoléon proclame la république. Le moment d'ailleurs est on ne peut mieux choisi. Nous n'avons pas à craindre que, en la leur déclarant, les rois d'Europe nous répondent par la guerre : armés comme nous le sommes, et toute considération républicaine même écartée, ces rois se levassent-ils contre nous qu'ils ne nous pourraient rien. Que serait-ce donc si leurs peuples, pressentant notre appui, les abandonnaient?..

A l'œuvre donc.

(1) Il suffit d'interroger les peuples étrangers pour s'assurer de leurs dispositions à notre endroit. Ainsi voyez : nous qui en suite de 89 voulions les délivrer de leurs barons féodaux, nous sommes leurs ennemis, et ce sont ces mêmes barons qui le leur font entendre!

V

SUITE. QU'ON NE PEUT SE DÉGAGER AUTREMENT DE LA SITUATION

Cette manière de voir peut paraître étrange, nous le savons. Mais nous sommes certain aussi qu'elle offre le seul dénouement possible à la question qui s'agite et se pose plus impérieusement que jamais : l'émancipation des peuples.

Cette question donc étant posée, il n'y a que deux moyens de la résoudre.

— Ou par la paix, c'est-à-dire en laissant se développer et mûrir l'*idée*.

— Ou par la guerre, par la révolte de tous les peuples.

Nous avons dit déjà que nous repoussions ce dernier moyen.

Reste donc l'autre. Et alors on arrive à ceci : La république étant un jour ou l'autre inévitable, il vaut donc mieux s'y préparer que s'y opposer; et quel est le peuple destiné à prendre l'initiative ? Ici, il n'y a pas deux réponses : c'est le peuple français.

Eh bien, ceci étant reconnu, il faut donc, puisque ce peuple a à sa tête un empereur, ou que cet empereur parte et laisse le peuple français marcher seul, ou que, d'accord avec ce peuple, il reste et marche avec lui : c'est-à-dire que d'empereur il devienne chef de la république. On voit qu'il n'y a pas d'autre manière de poser et résoudre la question. Par là, en effet, il n'y a d'un côté comme de l'autre, ni une révolte à accomplir ou à réprimer, ni un crime à commettre; pas une goutte de sang à répandre. Et la France redevient, sans la moindre perturbation sociale, ce que l'avait faite 89, la première des nations.

Si Napoléon refuse, voici, au contraire, ce qu'il nous lègue à la place : un demi-siècle peut-être d'un régime impérial semé de difficultés et finissant comme finissent tous les empires, par le démembrement de la patrie au profit de l'étranger. Cela est inévitable, autant que la honte qui nous en reviendra.

Voyez plutôt.

VI

Le midi de l'Europe, la Turquie, la Grèce, l'Italie, l'Espagne, sont des nations mortes. La France et l'Angleterre, pour peu qu'elles conservent leur régime gouvernemental, ne tarderont guère. Tous ces peuples ont été ou sont divisés en je ne sais combien de partis. Et la parole, *tout royaume divisé tombe en ruine*, ne s'est pour eux que trop vérifiée. De plus, ils se trouvent ainsi affaiblis en face de la Prusse et de la Russie, marchant chacune comme un seul homme.

— La Prusse, par un semblant de réforme protestante ou constitutionnelle, c'est tout un, a su prendre le pas sur les nations catholiques reléguées encore par leur attache avec Rome, au vieux et impuissant myticisme.

— La Russie, forte à la fois par son climat et l'abrutissement de son peuple, pour qui le seul Dieu sur la terre — et peut-être dans le ciel — c'est le Czar.

A proprement parler, la Prusse n'est que l'avant-garde de la Russie. C'est, qu'on me passe le mot, le roquet qu'elle pousse à agacer les mâtins du midi, afin que, la bataille s'engageant et les voyant déjà pas mal écharpés, elle tombe sur toute la bande et l'étrangle.

Voilà absolument dans quelle situation se trouve le midi de l'Europe vis-à-vis du Nord. —Chaque guerre que se font entre eux nos roitelets, chaque abattis d'hommes réglé par conséquent, autant de force de moins : et autant de victoires pour la Russie.

C'est ce qui fait qu'elle redoute tant la république. La république unifierait, *masserait* contre elle les peuples du Midi. Et un instant, dit-elle : « Les rois font mieux mon affaire. »

Est-ce compris maintenant ?

Eh bien ! je le demande, se peut-il rien de plus idiot que ces roitelets qui se mitraillent... non, je me trompe, qui font pour eux se mitrailler leurs peuples ? Qu'ils continuent à remporter les uns sur les autres des Sadowa, et toute la gloire qui leur en reviendra sera d'être devenus des Cosaques.

Notre rôle donc est tout tracé.

Pour résister au Nord il faut tout le Midi.

A la force de la barbarie, opposons la force de la civilisation. Celle-ci aura bientôt emporté l'autre.

— Au despotisme universel, rêve du czar, opposons la république universelle, réalité des peuples.

C'est par là seulement que nous pouvons nous relever de nos désastres de 1812.

Napoléon III peut réparer les malheurs de Napoléon Ier.

Il a en main le remède.

Qu'il l'applique.

FIN

Paris. — Imp. de Dubuisson et Ce, rue Coq-Héron, 5.

www.ingramcontent.com/pod-product-compliance
Lightning Source LLC
LaVergne TN
LVHW020418230826
846091LV00004B/1317

* 9 7 8 2 0 1 6 1 6 7 6 0 1 *